大展好書　好書大展

品嘗好書　冠群可期

老拳譜新編32

柔術入門

殷李源 編著

大展出版社有限公司

柔術入門

策劃人語

本叢書重新編排的目的，旨在供各界武術愛好者鑒賞、研習和參考，以達弘揚國術，保存國粹，俾後學者不失真傳而已。

原書大多為中華民國時期的刊本，作者皆為各武術學派的嫡系傳人。他們遵從前人苦心孤詣遺留之術，恐久而湮沒，故集數十年習武之心得，公之於世。叢書內容豐富，樹義精當，文字淺顯，解釋詳明，並且附有動作圖片，實乃學習者空前之佳本。

原書有一些塗抹之處，並不完全正確，恐為收藏者之筆墨。因為著墨甚深，不易恢復原狀，並且尚有部分參考價值，故暫存其舊。另有個別字，疑為錯誤，因存其真，未敢遽改。我們只對有些顯著的錯誤之處做了一些修改的工作；對缺少目錄和編排不當的部分原版本，我們根據內容進行了加工、調整，使其更具合理性和可讀性。有個別原始版本，由於出版時間較早，保存時間長，存在殘頁和短頁的現象，雖經多方努力，仍沒有辦法補全，所幸者，就全書的整體而言，其收藏、參考、學習價值並沒有受到太大的影響。希望有收藏完整者鼎力補全，以裨益當世和後學，使我中華優秀傳統文化傳承不息。

為了更加方便廣大武術愛好者對老拳譜叢書的研究和閱讀，我們對叢書做了一些改進，並根據現代人的閱讀習慣，嘗試著做了斷句，以便於對照閱讀。

由於我們水準有限，失誤和疏漏之處在所難免，敬請讀者予以諒解。

武俠社出版

柔術入門

上海中西書局印行

柔術入門 目次

修習柔術之方針

柔術入門

大正中學校教諭柔道教師
竹田淺次郎著
蘇省　殷師竹譯

柔術之意義

柔術是在和敵人戰爭的時候，不拿武器，善於利用敵人之力，並且使自己之力最有功效，藉以戰勝敵人。例如：在爭勝敗的時候，敵人有十分的氣力，我只有七分的氣力，照著力量比較，我當然是要失敗的。但是，我若能使敵人向我打來的氣力變更方向，或是我能依著巧妙的方法，使用我的氣力，便可使敵力減少，我力增加；雖然遇著氣力很大的敵人，也能取得勝利。

所以日本的柔術，並非以力制力的武藝，卻是以柔制剛的法術。

柔術之目的

柔術的目的，大概可從兩方面觀察。一方面是內的方面，另一方面是外的方面。內的方面，是說我們的精神的修養；外的方面，是說肉體的養成。這個外的方面，又可分為積極的和消極的兩方面；積極的方面，是身體的鍛鍊；消極的方面，是自身的防衛。我們若能完成此內外兩方面，便可充分發揮自己的才能，並且可以構成圓滿的人格，招來人生的幸福；我們的此等理想，也可藉此實現出來。

現在把精神的修養，身體的鍛鍊，和自身的防衛詳述如下：

一、精神之修養法

日本的柔術，非但是講究用力之法；並且在柔道的裏面，又有意志的鍛鍊、精神的修養等，重大的使命。練習柔術的人，切不可把柔術當作遊戲的事情；和別人比試較量的時候，須要統一我的精神，只存著戰勝敵人的意念，決定不可有別種雜念。

在戰爭的時候，對於敵人的運足法、動腰法、用手法、呼吸法等，全要十分注意；我的神經銳敏，便容易防禦敵人的攻擊；我的精神統一，便容易看出敵人的空隙。

練習柔術的人，非但在演武場中，應當使精神統一；並且在演武場外，也要養成精神統一的習慣。

柔術是肉體的事情，所以若欲柔術進步，必須常使肉體飽受辛酸，藉以養成能耐勞苦的體格；世上的庸人，雖然畏懼艱難痛苦；但是，修習柔術的人，卻當求得艱難痛苦，藉以磨練自己的手腕。

意志薄弱的人，到底不能練成柔術；所以鍛鍊意志，實是練成柔術的基礎。意志強固的男子，方才可成社會上有能為的人物。照著這樣看來，可見柔術不僅是打倒敵人的技藝，卻是養成百折不撓的精神，社會上完全人物的方法。

二、身體之鍛鍊法

身體的鍛鍊，是要造成強韌的筋肉骨骼，壯健的內臟諸器官，均勻整齊的優良體格，能耐人世的困難，發揮自己的能力。

想要身體健全，必須在平常的時候，注意運動。若欲依著一時的實施，造成優良的體格，這卻是不容易的事情。必須永久繼續著練習運動，方才有顯明的效果。

諸種的運動，雖然各有特徵，但是，若不永久繼續著練習，便不能發生功效。永久繼續著練習的時候，須要以下邊所記的各項為要件。

(1)須要有興味。

(2)所用的器具，須要簡單而容易置備。

(3)需要的人數，愈少愈妙。

(4)沒有時期的限制。

以此等事項為基礎，比較觀察許多運動的時候，便可認明：柔術在身體的鍛鍊上，是最合理想的，柔術不像體操那樣乾燥無味，也不像比賽足球那樣需要廣大的操場，多數的人員。

它的興味，確是男性的；凡是男子，全喜歡練習這樣的技術。並且男性的小兒，也喜歡學習柔術。

所需要的，只是穿著便於運動的衣服而已；在比試時，需要的人員，除了自己之外，只要有一個對手，已經足夠了。所以這種運動，是很容易永久繼續的。

在冬日嚴寒的時候，穿著單薄的短衣，練習柔術，可以鍛鍊皮膚，身體的各部，也可均勻整齊的發達。像這種練筋肉，鍛骨格，整理內臟諸器官，實是最理想的鍛鍊身體的技術。

三、自身之防術

我們有強健的身體，很大的氣力，在積極的方面，雖然可以擁護我們的幸福；但是，在遇著意外災禍的時候，卻還沒有避免危險的法術；所以我們在消極的方面，又當研究：預防災禍，保衛自身的方法。柔術在此點上，是最重的技術。

應用平時練成的武藝，施行機敏的動作，修養精微纖細的精神，可以防備不測的災禍。

初學柔術者應注意之事項

一、不可在食物之後立即練習武術

練習柔術的時候，至少須要在食物經三十分以上的時間。若在用膳之後，立即練習柔術；那麼，在生理上，必然要發生很大的變化。

飲食之後，食物入於胃中，所有全身的血液，完全聚集在胃內，藉以促進胃的消化運動。若在食物之後，立即操練柔術；那麼，聚集有胃中的血液，或是聚集在足部，或是聚集在上肢，以致胃中的血液很少，胃的消化運動，必然因此緩慢；於是食物不能消化，腸部不能吸收營養分，胃腸必然受著傷害。

胃腸受著傷害的時候，雖然攝取食物，也不消化，很難吸收養分，身體便要衰弱了。身體衰弱之後，雖然學習柔術，卻也不能成功；所以要在用膳之後，經過三十分鐘以上的時候，方才可以練習柔術。

二、練習柔術之人須剪短手足之指爪

練習柔術的人，須要剪短手和足的指爪。

在操練柔術，或是和別人比試武藝的時候，往往要和別人揪扭拉扯；倘若留著很長的指爪；那麼，在揪扭拉扯的時候，便難免受著意外的損傷。

在武術方面，手和足全有很大的用處；不論手或足的指爪受傷，全要使武術發生缺陷。

因為這個緣故，所以要在有暇的時候，剪短指爪。

三、在練習柔之前，必須排出大小便

在練習柔術之前必須把大便和小便排除乾淨。倘若沒有排除大小便，立即操練柔術；那麼，膀胱因此破裂，便有喪失生命的危險。在實際上因為沒有（點校者：此處疑似漏掉「排除」二字）大小便，便操練武術，以致膀胱破裂，死於非命的人，卻是不少。又在另一方面，沒有把大小便排除乾淨，便練習柔術，卻是不能使柔術有進步。

四、練習柔術之時不可妄飲湯水

在很猛烈的比試武藝的時候，喉中非常乾燥，必然要多飲湯水。若在此時多飲湯水，那麼，在生理上，必然要發生很壞的結果。練武的時候多飲湯水，也和食後立即練武一樣，胃腸必然受害，身體也不能健康。上身感覺非常疲勞，也不能把技術練好；所以在操練武術的前後時間。不可飲用湯水。

五、練習柔術者必須注意衛生

自己的身體，須要自己注意保護，使它常成強健的體格。欲得真正的健康，決定不可不清潔，也不可暴飲暴食。

對於傷害身體的事情，須要避之如惡鬼。因為有了這種觀念，所以必須逃避暴飲暴食等一切誘惑，時常向著健康之路進行。

六、練習柔術者必須常使服裝端正

練習柔術的人，非但要求技術純熟，並且要注意精神的修養。因為這個緣故，所以要謹慎行為言語，使衣裝端正整齊。

倘若衣裝不整齊，態度不端正；那麼，在操練武藝的時候，必然行動不能靈便，技術也不能十分發揮。

所以整齊的衣裝，端正的態度，乃是武道的重要條件。

七、不可操練柔術過度

初學的人，稍微學會幾種柔術，便要非常高興，自朝至暮，不斷的操練。但是，操練柔術過度，反而要得著毫無興味的結果。

服用良藥過度，反而要中藥毒；食用美食過度，反而要傷害腸胃；操練柔術，也是如此；倘若過度，必然感覺非常疲勞，使身體受著惡劣的影響。

人類的體力，雖然各不相同；但是，操練柔術的人，總當規定適宜的時候，以免操練太久，發生不良的結果。

若欲長久的操練，必須在中間規定休息的時候；練習二十分鐘，休息十分鐘；若能照著這樣，輪流操練休息；那麼，雖然經過長久的時候，卻也不致感覺疲勞。

但是，學習柔術的人，又當依著自己的體力，酌量減少操練的時候，增加休息的時候；切不可因為高興，不斷的操練。以致疲勞過度，身體受傷；非但學不成柔術，並且使身體受著傷害。

演武場中之禮儀

練習柔術的人，必須時常要求緊張的精神，嚴肅的態度。尤其是，在演武場中的武士，須要和在戰場上一樣，有真正的戰鬥精神；對於技術，也當有敬虔的心理。所以武道的禮儀，確是武士的重要事情。

武士在出入演武場的時候，必須對著上座，施行敬禮。就是上座沒有師傅或是尊者，也當保守敬虔的意念。又在參觀別人練習武藝的時候，除了恭敬審判者（即公正人）之外，又當向著對方的人，施行敬禮；不可對於對方的人，有欺侮或是憤恨之心。

在自己練習柔術的時候，須要穿著合式的衣裝，使身體的活動，十分靈便。在和別人練習對打的時候，起初要取直立的姿勢，向著對方的人行一敬禮，然後做出準備的姿勢。

倘若在演習技術的時間，衣帶忽然鬆開，以致服裝散亂，那麼，必須向對方的人說明，退後把服裝整理端正，然後重新操練。倘若看見對方的人服裝散亂，也當告知對方。和對方的人操練完了的時候，須要相對行一敬禮，然後退下。

有若干操練柔術的人，因為操練得非常疲勞，以致練完之後，禮儀容易錯亂；其實武士的禮儀，乃是武道的精華；在精神的修養，和身體的鍛鍊方面，全有密切的關係；所以練習柔術的人，對於這種禮儀，切不可當作等閒的事情。

又在和別人比試武藝的時候，雖然可以依著氣合術（即屏氣大喝），發出聲音；卻不可藉著這種聲音愚弄對手（即一同操練之對方之人後同）；審判者判定勝負優劣之後，倘若以我為失敗者，卻也不可發出不平的言語。

拘泥於勝敗，而發卑劣的言論，非但失去武道的精神，並且有傷武士的名望；所以練習柔術的人，在平常的時候，須要注意此等精神的修養；注重禮儀，不忘武士道的精神，才能成為高尚的武士。

對打之準備法

練習兩人對打的柔術，在起初的時候，必須做出準備的姿勢。準備的姿勢可分六種如下：

(1)自然體——有右自然體，自然本體，左自然體等三種；

(2)自護體——有右自護體，自護本體，左自護體等三種。

第一圖

(1)自然本體的準備法，是兩人相對立定，各用右手，抓著對手的右橫襟，左手抓著右外中袖，兩足橫著展開（參觀第一圖）。

右自然體準備法，是先做出自然本體準備姿勢，然後各人把右足向前踏出一步（參觀第二圖）。

左自然體準備法，是先做出自然本體準備姿勢，然後各人把左足向前有踏出一步。

此等自然體準備姿勢，在攻擊和防禦兩方面，全能自由自在，實是能為敏捷動作的姿勢。並且此等體勢，在互相揪扭的時候，很不容易跌倒；所以在柔術的立法中間，應當把這種體勢，作為基本的姿勢。初學的人須要先把這種姿勢練熟，然後才可練習別種技術。

第二圖

(2)自護本體的準備法，是兩人

相對立定，各人用右手，抓著對手的左後帶，左手抓著對手的右外中袖，各人上身向前屈伏，臂部向後凸出；兩足橫著展開，兩膝稍微彎曲。在做出自護本體姿勢的時候，自己的足和對手之足的距離，比自然體的姿勢較遠。

右自護體準備法，是先做出自護本體準備姿勢，然後各人把右足向前踏出一步。

第三圖

左自護體準備姿勢，是先做出自護本體準備姿勢，然後各人把左足踏出一步（參觀第三圖）。

用這種自護體準備法，在防禦方面，雖然很有功效；然而兩手、兩腰和兩足等部，全要用力；並且在攻擊方面，頗為困難，變化非常不自由，容易疲勞；所以練習柔術的人，不可把這種自護體，作為準備攻擊的姿勢。若用這種姿勢準備攻擊，便難使技術進步。

身體之運動法（步法）

身體的運動法，就是步法；這種步法，在柔術立法中間，是很重要的；勝敗的原因，往往依此而分。所以練習柔術的人，須要時常保守自然體，把身體的重心，放在安定的位置。

因為要保守重心的安定，所以不能長久直立著不動，須要依著攻守的各種情形，不斷的使身體活動。不自然的步法，是不可使用的，學者須要注意。現在舉例說明如下：

最容易攻守的是自然體準備姿勢；先做出這種準備姿勢，然後使身體進到右方；最初的時候，把右足向右邊踏出；又在相同的時候，左足也要隨著行動。

這時，左足若不隨著行動，身體便要非常不安定。所以右足向右移動，左足也要隨著進行。右足踏出，左足隨著行動，全身也要向右移動，使上身的重心，時常平均的載在兩足之上；又在大腿行動的時候，重心的位置容易搖動；所以須要非常謹慎，保守著自然體的準備姿勢；不論自然體發生怎樣激烈的變化，總不可使姿勢散亂。

破敵體勢之法

欲破壞敵人身體的準備姿勢，須要依著兩手的動作，使敵人的身體失去重心，現出不安定的狀態。在柔術中間，破壞敵人體勢的方法，也是很重要的；各種技術的成敗利鈍，也要依此而分的；又從這種方法看來，也可認明以柔制剛的道理。

學者研究這種破敵體勢，十分熟練之後，便可使技術有非常的進步；所以學習柔術的人，必須用心練習這種破敵體勢之法。

一、破敵體勢之方向

破壞敵人體勢的時候，須要先注意使敵人向著一定的方向而傾倒。欲知這種方向，須要參觀第四圖。

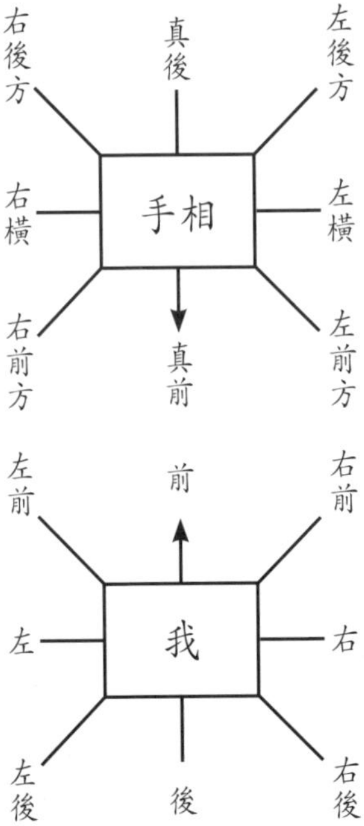

左後方 真後 右後方
左橫 相手 右橫
左前方 真前 右前方

右前 前 左前
右 我 左
右後 後 左後

第四圖

二、破敵體勢時兩手及身體之動作法

假定：我們要推倒一根立著的棒，把手放在棒的下方，推它的時候，必然推倒較難，須要用力較多；倘若把手放在棒的上方；那麼，推倒較易，用力也可較少。

在柔術方面，破壞敵人的體勢，也要應用這種物理的理法；又在這個時候，須要用我的身體的動作，補助手的動作，使手的動作更有功效。

例如：做出自然體準備姿勢的時候，我用兩手，把敵人牽引到我的肩胛近邊，使他向前傾倒的時候，我一面牽引敵人的身體，一面把自身退後一步；這時，我和敵人的距離較大，便容易使敵人傾倒。又在敵人倒向後方的時候，我一面用兩手推敵人的身體，一面使我的身體向前衝突，便容易使敵人傾倒。

三、敵體靜止時破其體勢之法

敵人在靜止的時候，欲破壞他的體勢，也要應用物理學中的槓桿的原理；照著槓桿的原理，力之支點在足部；牽引距足最遠之部，便可事半功倍；在破敵體勢方面，牽引敵人的上身，便容易使敵人向前傾倒；推敵人的上身，也容易使敵人向後傾倒。

第五圖

其他，不論使敵人傾向何方，總要推拉敵人的上身。但是，在牽引敵人的時候，切不可把敵人的上身拉向下方；須要把敵人的上身，牽引到我的肩胛上方（參觀第五圖）。

四、利用反動力破敵體勢之法

用手推敵人身體的時候，敵人的身體，不一定向著被推的方向而傾倒。依著人類的通性，在被推的時候，身體往往向著反對的方向推回來。應用此理，便可知道：

欲推敵人到後方，須要先用手抓著他的上身，稍微牽引到前方；這時，敵人因為被我牽引到前方，必然發出反動，把他的身體引到後方。我卻利用他的反動力，乘勢用力一推，敵人便容易向後方傾倒了；所以依著反動的原理，利用敵人的反動力，卻也是破敵體勢的重要方法。

五、利用敵人之氣力及動作破敵體勢之法

敵人因為欲使我向後方傾倒，用手推來的時候，倘若我想向著反對

的方向推回；那麼，我所用的氣力，須要勝過敵人的氣力；但是，這個時候，倘若我把身體退後，牽引敵人；那麼，依著敵人推來的氣力，和我牽引敵人的氣力，便容易使敵人向前方傾倒。

所以，不論在什麼情形之下，全可利用敵人加到我身的氣力，使敵人體勢破壞。

六、使敵人向右（左）前方傾倒之法

兩人各用右手，抓著對方的左橫襟，左手抓著右外衣袖；我欲使敵人向右前方傾倒，須要在敵人的右足踏出到右前方的一轉眼間，我把左足退向左後方，左手抓著敵人的右外衣袖，拉到我的左肩近邊，右手幫助著，使敵人向著右方前邊傾倒（參觀第六圖一）。

凡是把一足踏出的時候，身體的重心必然傾向該足之方。所以在

第六圖（一）

第六圖（二）

敵人踏出一足的一轉眼間，牽引敵人，便容易使他傾倒（參觀第六圖二）。

在敵人做出左自然體（或右自然體）準備姿勢的時候，斜著把他牽引，便容易使他傾倒；敵人做出左自然體準備姿勢的時候把他牽引到我的左肩近邊，他便傾倒了。

所以我在這個時候，須要用兩手抓著敵人的右前方，用力把他牽引到我的左肩近邊，使他容易傾倒。

七、使敵人向左（右）後方傾倒之法

用左自然體準備姿勢的時候，欲使敵人向左後方傾倒，須要用右手牽引敵人，使他傾向我的右肩近邊，左手把敵人推向左後方。用這種方法，便容易使敵人向左後方傾倒（參觀第七圖）。

第七圖

這時，我用右手拉，左手推，使敵人的身體向左轉；再把我的身體向前衝突，敵人便容易向左後方傾倒了。一切使敵人向左後方和右後方傾倒的方法，全要依著前邊所記的動作方法，方才可以成功。

修習柔術之方針

一、獨自研究之法

柔術中間，有一定的基本動作；此等基本動作，可以依著從師和看書，把它學會；但是，欲明各種技術的真理，使在實地應用的時候，成為變化神妙的武藝，那麼，須要各人自己用心研究，以期發明新奇的方法；專門拘泥師傅所教的基本動作，或是墨守古書所載的陳舊方法，便要在實際戰鬥的時候，難免失敗之憂。

演習柔術的人，必須在平常的時候，研究實際戰鬥的法術；不論是一舉手一投足的簡單技術，全要加以精密的研究。研究一步，便能得著一步的要訣，使技術更進一步；照著這樣，逐漸進步，便能深明柔術的真理，得著柔術的趣味。

二、基本動作之練習法

在練習對打之前，須要先練習基本動作。在柔術中的投術方面，須要兩人操練，一人為投者，一人為被投者；投者應當研究，怎樣破敵體勢，怎樣把足踏進，怎樣活動身體，怎樣運用兩手。

把此等基本動作精密研究，記好之後，須要再把此等方法分解開來，想出最初的時候，怎樣破敵體勢，把足踏進；其次，怎樣使自己的身體衝入，怎樣運用兩手，戰勝敵人。現在把投術中的浮腰術，作為實例，說明如下：

先用兩手，拉著敵人的上身，使他向前方傾倒；其次，把左足踏進敵人的左足內側；其次，把我的腰低下，一面身體向左迴轉，一面使敵人的胸部，很密切地接觸我的身體的右後部，右足踏進敵人的右足內側，把敵人身體的重心，載在我的右邊腰部；其次，把身體向左轉動，便可把敵人投出。

此等方法，在最初的時候，可以分成三種基本動作；待到練熟之後，便可把它併成兩種動作；最後的時候，又可合成一種動作。又以投術方面，把基本動作練熟之後，便可不必拘泥自己的動作；在實際戰鬥的時候，應當隨著敵人動作的正否巧拙，活用自己的各種基本動作。

三、施行技術之時機

在敵人身體的姿勢，已經破壞的時候，即當施行自己的技術。熟練柔術的人，在實際戰鬥的時候，能依著視覺和知覺，看出敵人體勢破壞的時機；但是，沒有練熟柔術的人，卻往往因為神經呆鈍，動作遲緩，以致失去施行技術的機會。

所以，學習柔術的人，須要預先想定施行技術的時機；以期在實際戰鬥的時候，不致失去機會。

四、使用全身氣力之主義

在施行技術的時候，須要用足全身的氣力。在我想把敵人投出的時候，倘若氣力太小，便要反而被敵人把自身投出，以致失敗；所以不論在使用那一種技術的時候，總要使用全身的氣力，奮不顧身，才能得著勝利。倘若在施行技術的時候，或是半信半疑，或是有恐怖之心，或是有欺侮之念，便要氣衰力弱，終於失敗。

日本古時的柔術名家曾經說：「力出於精神，精神聚則力集。」所以在實際戰鬥的時候，須要除去種種的雜念，時常聚集精神，使全身的氣力，集中於技術方面，才能達到勝利的目的。

五、練習連續施術之法

和敵人戰鬥的時候，先用一種技術，向敵人攻擊，敵人避開這種攻擊的時候，體勢必然發生變化。

我乘著敵人體勢變化的時候，可以再用一種別的技術，用著全身氣力，向敵攻擊，便可把敵人打倒。

倘若用了第二種技術仍舊未見功效，便可接連繼續著，施行幾種技術，直到取得勝利為止。

所用的各種技術，須要隨著敵人體勢的變化，使用各種合宜的技術，向敵人攻擊。若能用巧妙的方法，把幾種技術，接連繼續著施行得千變萬化，便可達到勝利的目的。

六、多用攻擊手段之主義

若欲使柔術容易進步，必須常向敵人施行攻擊手段。常用防禦手段，便難使技術上進。

在練習對打的時候，須要選取比我強的對手；我在和強敵對打的時候，須要心中鎮靜不亂，向他攻擊；若能占著先手，用適宜的攻擊技術，非但自己的技術能有進步，並且可以乘著敵人的空隙，得著勝利。

七、與眾人輪流對打之法

日本的武士在修業的時候，往往要行到許多演武場，和許多武士輪流對打。因為人類的性質、體格等，是各不相同的；各人的柔術，既有力量強弱之不同，又有變化多少之差異。

倘若在平常操練柔術的時候，專門和一人對打；那麼，手段既少變化，技術必難上進；所以必須輪流著和許多武士操練對打才能使手段靈活，技術容易進步。

八、動作必須敏捷

柔道中間的技術，是一轉眼時間的事情；倘若動作緩慢，便不能乘著敵人的空隙，進攻取勝；終於被敵人乘著自己的空隙，以致失敗。

動作的遲速，在技術的力量方面，也有關係；例如：用手推物和用手打物，在力量方面，必然有很大的差異；對著容易打倒之物，卻用手推它，便不容易推倒；對著容易推倒之物，卻用手打它，也不容易打倒。

敏捷迅速的動作，能集合氣力在緊要之處，所以力量非常強大。自己的動作，非常敏捷迅速，便在體勢方面，無隙可乘；待到敵人的體勢發生空隙的時候，便可乘隙而入，取得勝利。

九、手足腰三種動作必須一致進行

在對打的時候，手、足和腰部，三種動作，須要完全一致。這三種動作，固然要敏捷迅速，並且要一致施行。所以演習柔術的人，在平常操練基本動作的時候，必須使這三種動作，在一轉眼的時間，完全一致施行。

和敵人戰鬥的時候，切不可有拘泥勝敗之心，須要除去雜念，專門注意在技術上；若能專心一意，施行技術，便可使手足腰三種動作，完全一致；不論敵人怎樣手段靈敏，全難避開。

手足腰三種動作，互有密切的關係；獨立著使用一種動作，並無何等功用。不論足的動作怎樣敏捷，手的動作怎樣迅速，腰的動作怎樣靈活；單用一種動作，決定不能戰勝敵人。

聚集氣力於三種動作完全一致之處，名為合力。能用這種合力，就是軀幹小的人，也能戰勝軀幹大的人。所以使用全力，乃是柔術的要訣。

十、習藝之趣味

練習武藝，固然要除去雜念，專心在技術上，以期技藝容易進步；但是，從另一方面看來，在學習的時候，又當喚起美的感情；學者若能對於柔術，有壯快的趣味；那麼，在學習的時候，便能不厭不倦的把它操練，使技術更容易進步。

嚴寒時操練柔術之心得

練習柔術的人，非但要使技術純熟並且要鍛鍊心身，使自己的精神和肉體，全能耐勞忍苦。人能耐勞忍苦，才能臨災禍而不懼，遇挫折而不撓；萬事如此，柔術亦然；所以學習柔術的人，非但要在天氣溫和的時候，時常操練；並且要在天氣嚴寒的時期，勤加練習。

冬日最寒冷的時候，是在下半夜將明未明之頃；這時，別人全睡在溫暖的床上，做他的好夢，武士卻要起來練習武藝；戰寒氣，鬥睡魔，操練筋骨，鍛鍊意志，才能養成強健的心身；若能每日如此，久不間斷，便可使意志鞏固，身體頑強，忍別人所不能忍的苦痛，做別人所不能做的大事了。

嚴寒時候操練柔術，須人穿著單薄的衣服，施行完全的冷氣浴。除了冷氣浴之外，又當使用冷水摩擦、冷水浴等，藉以養成堅固的皮膚。近時的醫學家，很贊成冷氣浴；嚴寒時候操練柔術，卻在不知不識之間，也自然成為一種冷氣浴。

在初練的時候，雖然覺著寒冷；但是，練到後來，便要身體溫暖；施行強烈的運動，直到出汗為止，筋肉便因此發達了；每日如此，久不間斷，到了後來，便可成為非常強健的武士了。

倒法之練習

學柔術的人，在最初的時候，必須先練習倒法。若不先練倒法，便和別人對打；那麼，在相撲的時候，必然身體不耐打擊，感覺很激烈

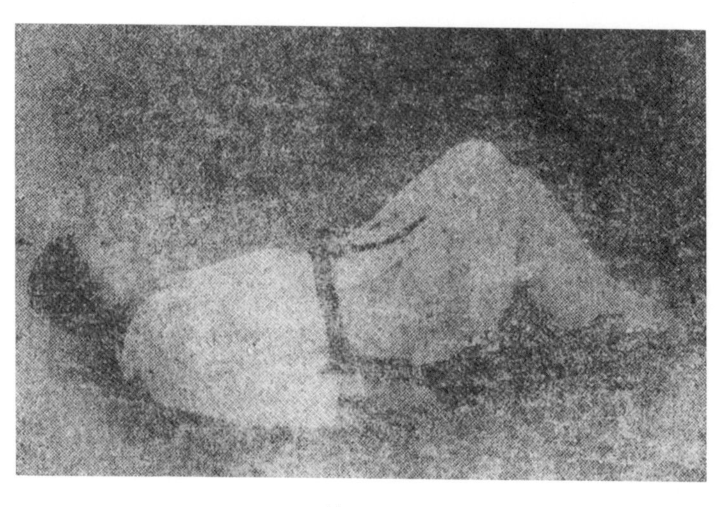

第八圖

的疼痛，容易受傷。把倒法練熟之後，便能不論怎樣跌倒，全不致受傷，也不覺著疼痛。

現在把各種倒法，列記於後，以供學者練習之用。

一、向後倒法

在練習向後倒法之前須要先練習手的打法。

手的打法如下：用仰臥著的姿勢，背心凸起，頭上用力，使頭向前屈，以看見腰帶為度。用這種姿勢的時候，須要兩手用力，手臂不可彎曲，從肩胛起，直到指尖，須要完全伸直，手掌向下，手指尖在身體的兩邊，距離一尺的地位。

把手的打法練完之後，再練倒下的姿勢，兩足向前投出，背心和頭，仍舊和前邊所記的姿勢相同；頭部用力，向後倒下；又在相同的時候，兩手向後打去，撐著地面（參觀第八圖）。

第九圖

把這種方法練完之後，再練從直立的狀態向後倒下之法；其法如下：

直立著，使兩膝稍微彎曲，一面兩手向後打，一面把身體向後方倒下（參觀第九圖。）

第十圖

二、向右（左）後方倒法

依著前邊所記向後倒下的姿勢，兩足向前投出，身體向右（左）後方倒下；這時，須要使體重傾向後方而倒下，只用右或左單手向手打。背心和頭的姿勢，也和前項相同（參觀第十圖）。

練完向右後方倒法之後，再練從直立的姿勢，倒向右（左）後方之法；其法如下：

先做出直立的姿勢，然後一面使

左（右）膝十分彎曲，一面把右足向前投出，輕輕的降下右（左）臂部，右（左）手打向右（左）後方而倒下。把此等姿勢，分別練熟之後，便可從直立的姿勢，向右（左）後方一直倒下。

三、向前倒法

從直立的姿勢，向前方倒下之法如下：

兩臂彎曲，稍微橫著張開，兩掌展開，放在面前，成八字形，肩部用力，向前方倒下。這時，頭要仰向後方，兩臂要用足氣力（參觀第十一圖）。

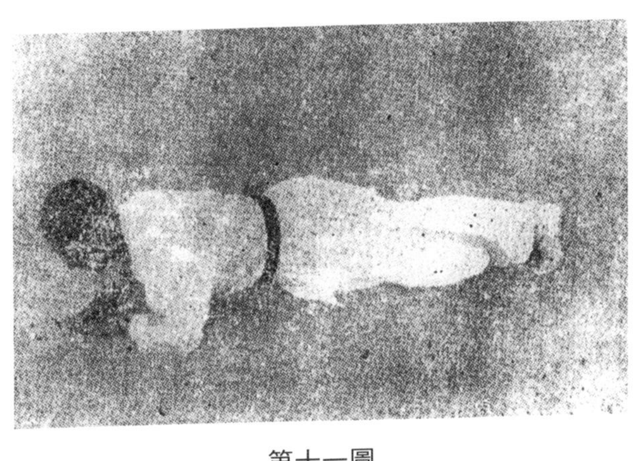

第十一圖

四、前方迴轉倒法

先做出直立的姿勢，兩足橫著展開，身體向前十分彎曲，兩手尖向著裡邊，兩足向前突出，背心凸成圓形，頭向前屈，入於兩臂之中，以看見胸部為度；使身體的重心，傾向前方，兩足輕輕的踢動，向前迴轉，兩手打向前方，身體倒下。

先把此等姿勢分別依次練習，練熟之後，便可從直立的姿勢，一直倒下。

第十二圖是將向前方迴轉的姿勢。

第十二圖

五、第一種右（左）前方迴轉倒法

先做出直立的姿勢，兩足稍微橫著張開，右（左）足向前踏出一步，身體向前彎曲，左（右）手放在右（左）足的左（右）前方，手尖向內突出；右肩和頭，全要進入左（右）手和右（左）足之間；突出右（左）肩，向右（左）前方迴轉；左（右）手打向前方，身體倒下。

這時，兩足的位置，須要照著第十四圖，右（左）膝彎曲立著，左（右）足彎曲，疊著外膝部，足踵放在右股下部。

第十三圖是將要迴轉到右前方的姿勢。

第十四圖是已經迴轉到右前方而倒下的姿勢。

第十五圖是突出右手，將要迴轉到右前方的姿勢。

第十三圖

第十四圖

第十五圖

六、第二種右（左）前方迴轉倒法

先做出直立的姿勢，兩足稍微橫著張開，右（左）足向前踏出一步，身體屈向前方；其次，右手尖向內，右足向前方突出；在右臂突出的時候，左足踢出，向右前方迴轉，左手打向前方，身體倒下。

這時，足的動作，也和前項所記的相同。先分別依次練習，待到練熟之後，便可從直立的姿勢，一直倒下。

七、後方迴轉倒法

先做出直立的姿勢，然後使兩膝十分彎曲，臂部輕輕的降落，背心凸成圓形，仰臥著，兩掌放在頭部的兩邊，指尖突向肩胛；頭部用力，屈向前方，兩足向頭部跳起，兩手用力撐地，從倒立的姿勢，向後方迴轉。這時，兩足須要依著反動之力，挺向後方。

第十六圖是將要向後方迴轉的姿勢。

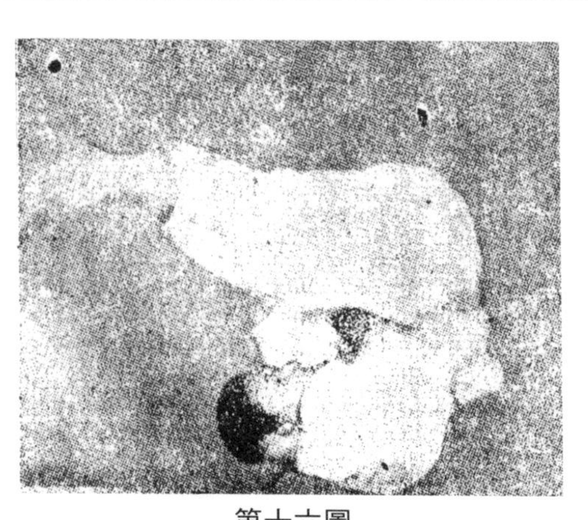

第十六圖

八、關於倒法之一般的注意

倒法也可說是一種防禦法，須要把它練得十分純熟。倘若不先練熟倒法，便和別人對打；那麼，在跌倒的時候，便要感覺非常疼痛，以致不能再打。

初練倒法的人，往往感覺手臂疼痛，這是因為手臂沒有十分伸直的緣故；所以練習倒法的人，須要從肩胛到手指尖，完全伸直，不可稍有彎曲。

又在把手打出的時候，切不可使兩手離身體太近；倘若手離身體太近。那麼，倒下之後，手在體下，難免有受著挫折之虞。兩手離身體太遠，也要感覺疼痛；所以在兩手將要打出的時候，以距離身體一尺許為最合宜。兩手打出的時候，腰部須要稍向後彎。身體切不可伸直，須要全身用力，背成圓形；頭部用力，屈向前方；倒下之後，不可使頸部觸著地面。

投術之說明

投術之使敵人投出，因而跌倒的技術。使用這種投術的時候，須要手、足、腰全身一齊活動；足部活動較多的技術，名為足術；手部活動較多的技術，名為手術；腰部活動較多的技術，名為腰術。一面使自身橫倒，一面使敵人橫著投去，名為橫捨身術；一面自身向後倒下，一面使敵人投向後方，名為真捨身術。

在投術中間，可分上邊所記的五術；這五術中間，又可分出許多技術；現在列舉於後，以供研究。

一、足 術

1、送足掃術

兩人互用右手抓著左橫襟，左手抓著右前橫襟，做出自然本體準備姿勢；敵人因為要向右橫方傾倒，所以運動左足，使身體的重心，移到敵人的左橫方。在敵人把左足運到左橫方的時候，我也把右足向我的右方進行一步；其次，敵人的右足，隨著左足運動的時候，我把我的左足，放在敵人右足外踝之下，橫著掃去；又在相同的時候，我把左手向下拉，右手向上吊，敵人的身體，便橫著倒下了。

【要訣】……吊起敵人的時候，不可接近敵人的身體，上身不可屈曲，腰要伸直，成直立的姿勢；左足伸出如棒，足尖用力，把敵人的左足，掃向他的右中。

第十七圖

【解法】……被敵人吊起的時候，我當把被掃的足提起，使敵人掃不著。又法，在被敵人吊起之前，舉足後退，也好。

【連續施術法】……施行此術之後，可以接連繼續著施術如下：一用大內拐術，二用足掃轉術，三用大外拐術，四用支吊入足術。第十七圖是左邊送足掃術的姿勢。

2、出足掃術

兩人先做出自然體準備姿勢，我把左足退後後一步的時候，敵人因為要不失身體的重心，以致傾倒，所以右足前進一步。

第十八圖

其次，我把右足退後一步的時候，敵人也把左足前進一步。

這時，我把左足放在敵人的左足前邊，待到敵人前進，正好掃著敵人左足的外踝，用力把它掃到敵人的右前方；我再用手把敵人的身體拉下的時候，敵人便橫著倒在我的前邊。

又法，兩人做出自然體準備姿勢，各自進步的時候，我把我的足，迴轉到敵人踏出之足的側邊，用力掃去，也好。第十八圖是出足掃術的姿勢。

【要訣】

……用足掃敵的動作，和左手拉敵的動作，須要一致進行。掃敵之足，須要足尖用力；不可橫掃，須要向我的左足前方斜掃。

【解法】

……相送足掃術的解法相同。

【繼續施術法】

……施行此術之後，可以接連繼續著施術如下：一用支吊入足術，二用掃腰術，三用轉膝術。

3、支吊入足術

兩人做出右自然體準備姿勢的時候，我可使敵人傾向他的左前方；這時，我一面把敵人的上身用力牽引（即吊入），一面退向左後方。敵人在這個時候，必然要右足用前進，以免傾倒；我把右足前進一步，踏在敵人的左足前，又把我的左足，支撐在敵人的右足踝上部距離二寸許之處的前面；一面身體反向左轉，一面兩手用力吊著敵人的上身，使他迴轉；這時敵人必然越過我的左足上方，向我的左方倒下。

第十九圖

又法，在兩人各自行動的時候，我把伸到敵人後方的足，支撐在敵人前進之足的上面，兩手拉著敵人的上身，使他投出倒下，也好。

【要訣】

……支撐的足，切不可屈曲。把敵人用力拉到我的肩胛近邊，身體反轉，然後可以使敵人投出。拉著敵人，使他投向我的左方的時候，須要把我的右足，向前踏進一步，藉以支撐自己的身體。

【解法】

……我的足若被敵人踏著，須要使該足的腿彎曲，用力拔到外邊，藉以避免支撐。又在這個時候，也要上身用力反抗，以免被敵人拉倒。

【連續施術法】

……施行此術之後，可以接連繼續著施術如下：一用橫掛術，二用把投術，三用捲入術。第十九圖是支吊入足術的姿勢。

4、掃吊入足術

這種技術，是應用支吊入足術，和足掃術，併合而成的。

兩人做出右自然體準備姿勢，敵人先把左足踏到左方，次把右足進到左或前方的時候，我把右足前進一步，踏到敵人的左足外前方；又在相同的時候，我一面使身反向左轉，一面拉著敵人的上身，卻似畫圓形一般，使它轉到我的肩胛近邊；把左足的裏面，掃著敵人的右足踝上二寸許的前外部，更用和支吊入足術相同的動作，敵人便向我的左前方倒下了。

第二十圖

【要訣】

……用足支撐的時候，所用

的氣力，須要和用足掃一般；其餘動作的要訣，和支吊入足術相同。

【解法】

……和支吊入足術相同。

【連續施術法】

……施行此術之後，可以接連繼續著施術如下：一用支吊入足術，二用橫掛術，三用把投術。第二十圖是掃吊入足術的姿勢。

5、小內拐術

兩人做出右自然體準備姿勢，各自行動；敵人把右足向前踏出，在該足裏面將要著地的一轉眼時間，我向前突進，想把我的體重，放在敵人的右足；在相同的時候，把我的右足裏面和踵，從裏邊鉤著敵人的右足後踝，拐向右橫前方；又在相同的時候，我用左手抓著敵人的右外袖向下拉扯；用右手抓著敵人的下襟，推他的身體；這時，敵人便向我的前方倒下。第二十一圖是小內拐術的姿勢。

【要訣】……敵人的右足，向前踏出，將要著地的一轉眼時間，我把左足退後一步，右足拐敵人的右足；又在相同的時候，須要向前突進，把我的體重，放在敵人的右足上面，然後推下。

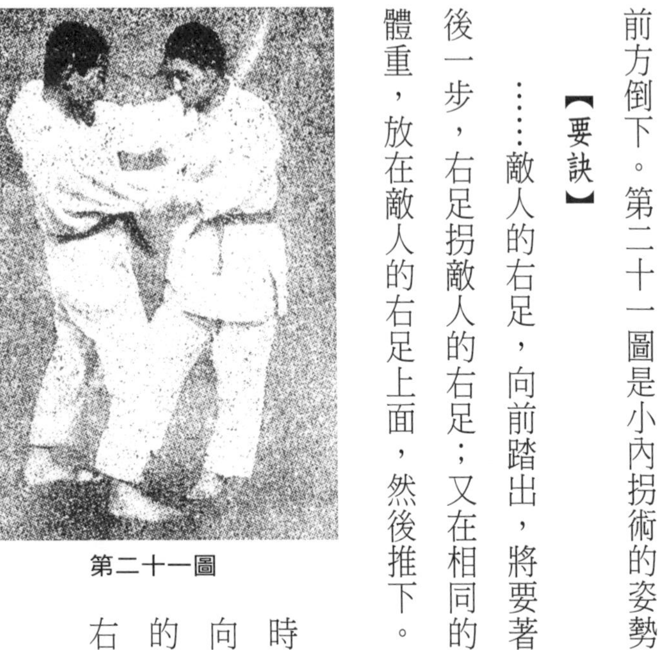

第二十一圖

用我的右足，拐敵人右足的時候，須要從敵人的右橫面起，向前像畫圓形一般，用力拐敵人的足；用我的左手，把敵人拉倒右下方，也好。

【解法】……敵人用這種技術的時

候，我應當把上身向前屈伸，兩足退後，兩手拉著敵人的身體，便不致投出倒下。

又法，我把被拐的足，用力提起，也好。

又法，把我的身體向前突進，用被拐的足，向反對的方向，拐敵人的足，使敵人倒下，便可轉敗為勝。

【連續施術法】

……施行此術之後，可以接連繼續著施術如下：一用大內拐術，二用背負投術，三用把投術。

6、大內拐術

兩人做出右自然體準備姿勢，各自行動，敵人把左足向前或左前方踏出的時候，我屈右足膝，頂入敵人兩足之間，一面把身體突入，一面把敵人的足，頂開到左方，向前拐去；用我的右手，把敵人的上身用力拉下；又用左手，把敵人向上推；這時，敵人便向我的右橫方倒下。第二十二圖是大內拐術的姿勢。

【要訣】

……此術的要訣，大概和小內拐術相同；但是，拐敵人的足，須要橫著向前方畫成圓形；又當用手拉敵人的身體到該方向。

第二十二圖

【解法】

……和小內拐術大概相同。足被拐著的時候，身體須要向反對的方向迴轉突入。

又法，反對著向敵人用在內拐術，也好。

【連續施術法】

……施行此術之後，可以接連繼續著施術如下：一用把投術，二用內投術，三用橫掛術。

7、小外拐術

小外拐術，大概和足掃術相似；但是，出足掃術，是用自己的足掃敵人踏出之足的裏面；至於小外拐術，卻是用自己的足拐敵人踏出的足，把自己的體重，放在敵人之足的上面，用力拐去，使他倒下。

在兩人做出右自然體準備姿勢，敵人的右足向前進行的時候，我把體重放在敵人的右足上，用我的左足踵，拐敵人右足的後外踝，把它拐到我的右足前方；在相同的時候，我用右手推敵人，左手把他向下拉，便可使敵人倒下了。

【要訣】

……先把自己的體重放在敵人的右足上，然後用足拐他；拉下敵人身體之手的動作，須要和拐敵人之足的動作，一致進行。

【解法】

……和足掃術相同。

【連續施術法】

……施行此術之後，可以接連繼續著施術如下：一用大外拐術，二用背負投術，三用跳腰術。第二十三圖是小外拐術的姿勢。

第二十三圖

8、大外拐術

兩人互用左手抓著對方的右橫襟，右手抓著左外袖，做成左自然體準備姿勢，我可以使敵人傾倒在他的右前方；我用兩手牽引敵人，敵人因為欲免傾倒，所以退向左後方；這時，我也把敵人推向左後方；又在相同的時候，我把右足踏進敵人的左足外邊，把我的體重放在敵人的右足上面；一面使敵人傾向後方，一面我把左膝稍微彎曲，放在敵人的後股下方，用力拐去，兩手吊著敵人的身體，往下牽拉，便可使敵人傾倒。

拐的方向，須要向著我的左後方。

【要訣】

……用這種技術，須要用足氣力，使敵人向左後方傾倒。因為欲使敵人傾向左後方，所以我的右足橫著進行一步，踏到敵人的左足前面，身體突進，使敵人容易傾倒。

又在牽拉敵人上身的時候，須要彎著腰，向前突進。

第二十四圖

【解法】……敵人將要用大外拐術，把足踏進來的時候，我把右足退到我的左後方，上身向前彎曲，腰向後彎，兩手張開，敵人必然向反對的方向倒下。第二十四圖是大外拐術的姿勢。

【連續施術法】……施行此術之後，可以接連繼續著施術如下：一用背負投術，二用大外轉術，三用捲入術。

9、大外轉術

兩人互用左手抓著對方的右襟，右手抓著左外衣袖，做出自然本體或是左自然體準備姿勢，敵人把右足踏到他的右方，左足也隨著行到右方；在敵人的左足移到右足近邊的時候，我用兩手把敵人的上身拉到左前方，左足的膝下側面，觸著敵人進到右邊的左足膝外面，用力掃去，一面上身向左迴轉，一面右手把敵的上身拉到右下方，左手向上推敵人的身體；這時，敵人必然以我的左足為軸，旋轉而倒。

又法，把敵人的上身拉到左前方，使他的體重移到左足上面，旋轉倒下，也好。

【要訣】

……把敵人拉到左前方，使他的體重移到左足上面的時候，須要用足氣力，使我的上身向右迴轉。

【解法】

……和大外拐術相同。

【連續施術法】

……施行此術之後，可以接連繼續著施術如下：一用捲入術，二用背負投術，三用大外拐術。第二十五圖是大外轉術的姿勢。

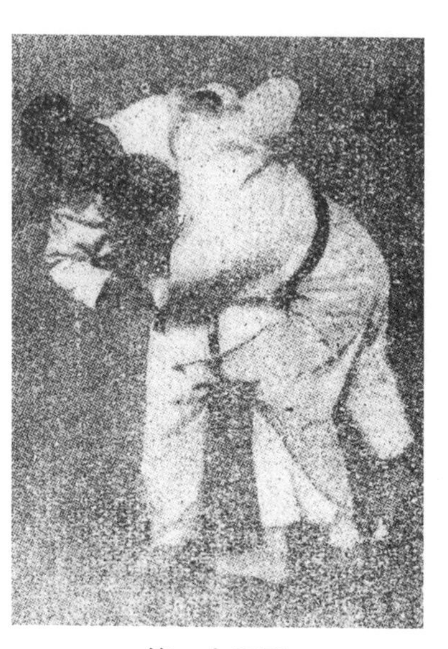

第二十五圖

10、轉膝術

轉膝術大概和支吊入術相似；但是，足的支點卻不相同。兩人做出自然體準備姿勢，敵人左足退後的時候，我把左足向左方進行一步，踏在敵人的左足前面；在相同的時候，把敵人拉到敵人的左前方，把他的兩手拉到我的肩胛近邊，伸出我的右足，把該足心頂在敵人將要前進的左足膝上；我一面使上身反向右轉，一面用右手拉敵人的左手，向著我的肩胛，轉成圓形；更用力使上身向右轉的時候，敵人的身體，必然以我的右腿為軸，迴轉著倒下。第二十六圖是轉膝術的姿勢。

【注意】……施行這種技術的時候，頂著敵人之膝的腿，須要用力向前伸直。

第二十六圖

【要訣】……頂著敵膝的腿，不可彎曲；用右手拉敵人的上身，到我的肩胛近邊的時候，我的身體須要反向右轉。又在相同的時候，左足須要進行一步，踏到敵人的右足前方。

【解法】
……敵人把他的足，頂在我的膝上的時候，我應當把我的體重，移到反對的方向，用手把敵人的足推開，使它落空。

【連續施術法】
……施行此術之後，可以連續著施術如下：一用支吊入足術，二用橫掛術，三用吊入術。

11、轉足術

兩人做出自然本體準備姿勢，敵人右足前進的時候，我用左手拉敵人的上身，右足踏到敵人的右足之前，身體向右迴轉，左足放在敵人的左腿前面膝下，依著和掃腰術相同的動作，便可使敵人投出倒下。

【要訣】
……此術和掃腰術相似；但是，掃腰術須要深入腰部，此術卻不必深入；只要使我的左足伸直，斜著上身，用該足阻止敵人左足前進，右手拉敵人的上身，使敵人的足向前後張開。頂著敵人膝下的足，須要用力跳起，向敵人的後方頂去。

第二十七圖

【解法】

……被敵人用足頂著的時候，須要用力提起左足，越過敵人左足之外；用自己的右邊腰部，推敵人的後邊腰部；左手突然離開，上身反向後移，使身體的重心，落在右邊。

【連續施術法】

……施行此術之後，可以接

連繼續著施術如下：一用內股術，二用捲入術，三用袖吊入腰術。第二十七圖是轉足術的姿勢。

12、內股術

兩人做出自然本體準備姿勢，敵人左足前進的時候，我可以拉著敵人的上身，使敵人身體的重心，移到左足上面。這時，我把右足伸進敵人的兩腿中間，使外股接觸敵人的左內股，挺進腰部，依著跳腰術的方法，跳起腰和股，身體向左轉動，左手把敵人的上身拉到下方；這時，敵人必然在我的前方倒下。

第二十八圖

又在施行一切腰術的時候，也可用

兩手拉敵人到我的肩胛近邊，使他傾倒；把我的左足，踏進敵人的左足前邊，使右足外股接觸敵人的左內股，挺進腰部，向上跳起，便可使敵人傾倒。

【注意】……我把右足外股，伸進敵人的左內股的時候，須要對著敵人的睪丸踢去。第二十八圖是內股術的姿勢。

【要訣】……此術的動作，和跳腰術相仿；向上跳起，使敵人的體重，移到我的腰上；跳起的右足，須要抬起，不可放下；左手抓著敵人的右袖向下拉，便可使敵人傾倒了。

【解法】……兩手突然張開，體向後退，使敵人不能深入；或是使身體的重心落到右邊，也好。

又法，用我的兩足，把敵人伸進來的右足挾住，也好。

【連續施術法】

……施行此術之後，可以接連繼續著施術如下：一用大腰術，二用大內拐術，三用小內拐術。

二、腰　術

1、浮腰術

兩人互用左手抓著對方的右外衣袖，右手抓著左橫襟，做出右自然體準備姿勢，我用左手抓著敵人的右手，順著和肩胛平行之線拉扯，右手向上推敵人的左橫襟；又在相同的時候，膝稍彎曲，使腰低下；一面身體向左迴轉，一面把左足放在敵人的左腿裏面，向著和敵人之足相同的方向踏進，右足踏到敵人的右腿裏面；其次，左手用力把敵人上身拉到我的肩胛近邊，使敵人的胸部，和我的右體側部，密切貼著；我的右腰移到敵人的下腹部，把敵人的體重，放在我的右邊腰上；我的身體向左迴轉，左手用力，把敵人的上身拉到左下方；這時，敵人便在我的前邊倒下了。

第二十九圖

第二十九圖是浮腰術的姿勢。

【要訣】

……在我的身體右邊，和敵人的胸部，密切貼著的時候，切不可使上身向前屈曲；須要向左彎曲，右腰突出，體向左轉，使敵人投出倒下。

【解法】

……我把足踏到敵人的右前方，轉到敵人的腰部之外；或是在敵人踏進來的時候，我突然張開兩臂，足向後退，離開敵人；或是使腰低下，用左前腰頂敵人的後腰下邊，身體反向右轉，右手迅速把敵人拉到右後方，便可使敵人離開。

【連續施術法】

……施行此術之後，可以接連繼續著施術如下：一用大腰術，二用抱入腰術，三用吊入腰術。

2、抱入腰術

此術和浮腰術大概相似；但是，施行此術的時候，須要先用我的右手，把敵人的頭，從後方抱到腋下；然後再照著浮腰術的要訣，使敵人投出倒下。第三十圖是抱入腰術的姿勢。

【要訣】……大概和浮腰術相仿；但是，在不容易抱著敵人之頭的時候，我的右足須要進到敵人的右足外邊，腰部十分挺進；再用和大腰術相同的動作，便可使敵人投出倒下。

第三十圖

又在施行捨身術的時候，也能得著功效。但是，施行捨身術的時候，須要特別注意，以免我的身體落在敵人身上，受著傷害。

【解法】……用一般的腰術解法，全

可見效；但是，在敵人施行捨身術的時候，解法非常困難；所以在敵人來抱我的頭的時候，我須要把頭屈到前方，左手向上推開敵人的手臂，使自己的頭不被他抱著。

【連續施術法】

……施行此術之後，可以接連繼續著施術如下：一用抱首捨身術，二用捲入術，三用大內拐術。

3、吊入腰術

這種技術，和別種腰術不同之處，是不使敵人的上身，密切貼著我的身體側部，卻使敵人反身倒下。

在兩人做出左自然體準備姿勢的時候，我用左手抓著敵人有右橫襟，拉到敵人的後方；又用和浮腰術相同的動作，把我的右足踏到敵人的右足內側，左足踏到敵人的左腿裏邊，右足豎起，只有腳趾著地，兩膝屈曲，使我的左腰部，接觸敵人的腰下前股，左手吊著敵人的上身，右手用力把敵人拉向前方；其次，把屈著的膝伸直，挺起腰來，身體右轉前屈；這時，敵人便要越過我的腰部，向前方倒下。第三十一圖是吊入腰術的姿勢。

又有一種名為袖吊入腰術的技術，用處頗多，很有功效。

第三十一圖

袖吊入腰術的動作，大概和吊入腰術相似；依著第三十二圖的姿勢，我一面用左手抓著敵人的右邊衣袖，把該手拉到我的近邊，一面又把該手向上拉；其次，用和吊入腰術相同的動作，便可使敵人投出倒下。

【要訣】

……把腰部挺進的時候，兩膝須十分屈曲低下，推頂敵人的前股；左手要用力把敵人的右手拉上來。施行袖吊入腰術，敵人用力扯開他的右手的時候，我須要先把該手拉到我的肩胛近邊，然後把它拉起來；倘若欲在遠處把該手拉起來，卻是不容易成功的。

第三十二圖

【解法】

……我使兩膝彎曲，腰部降落，又用右手推下敵人的左手，便不致被敵人吊起。

【連續施術法】

……施行此術之後便可接連繼續著施術如下：一用抱入腰

術，二用大腰術，三用捲入術。

4、吊腰術

兩人做出左自然體準備姿勢，我用左手，從敵人的右肩上，拉著後邊的帶，把敵人吊起來；一面身體轉進，一面右足踏入敵人的右足裏面，左足踏入左足裏面；右手用力，把敵人拉到我的右肩近邊；身體向右迴轉的時候，敵人便自然倒下了。第三十三圖是吊腰術的姿勢。

第三十三圖

【要訣】

……敵人用右手，從我的左手下方，抓著左手橫帶，把我牽拉的時候，我用左手，從敵人的右肩後邊，抓著敵人後邊的腰帶，也把敵人提起來，便可使敵人傾倒。

這種技術的要訣，是在把腰部挺進的時候，我用左手抓著敵人的後邊腰帶，把敵人用力提起來，使敵人的體重，移在我的腰上。

【解法】

……在敵人把腰挺進來的時候，我把身體向右迴轉，把身體的重心，落在右足上面；用我的右前腰，推開敵人的左腰；我的右手，脫開敵人的左手，便解開了。

又法，把右足踏進敵人的左腰前方，離開敵人的腰，也好。

【連續施術法】

……施行此術之後，可以施術如下：一用大內拐術，二用支吊入足術，三用抱入腰術。

5、轉腰術

兩人做出自然體準備姿勢，敵人走到我的前方的時候，我用左手抱著敵人的頸，一面身體向右迴轉，一面左足踏進敵人的左足外邊，我的腰部，進到敵人的左腰之左；依著大腰術的要訣，一面身體向右迴轉，一面使敵人以我的左體側面為軸，旋轉一回，投出倒下。第三十四圖是轉腰術的姿勢。

第三十四圖

【要訣】

……腰部須要格外深入，我的上身須要十分彎向右方；把我的在體側部作為車輪的軸，把敵人的身體作為車輪的邊；我把身體向右用力迴轉，敵人便投出倒下了。

【解法】……我從後方，把敵人抱起來，施行後腰術，或是移腰術，全可解開。

【連續施術法】……施行此術之後，可以施術如下：一用抱首捨身術，二用大腰術，三用支吊入足術。

6、大腰術

此術和浮腰術相仿，它的相異之處，是我把右足踏到敵人的右足外邊。其術如下：

兩人互用右手，抓著敵人的左後方腰帶，左手抓著右外衣袖，做出右自護體準備姿勢的時候，我把左足踏進，右足踏到敵人的右足外邊；

腰部深入，身體向左迴轉，敵人便可投出倒下。我用右手抓取敵人的後邊腰帶的時候，敵人必然要退後避開；我在敵人退後的時候，須要把我的右足，踏出到敵人的右足外邊，右手伸到敵人的左腕下，把敵人抱著，便容易使敵人傾倒。第三十五圖是大腰術的姿勢。

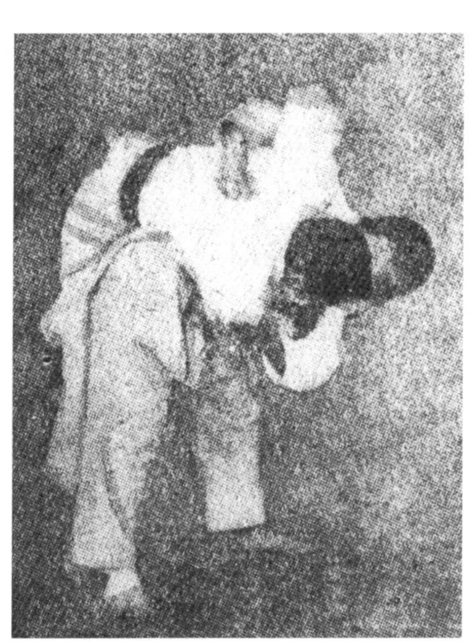
第三十五圖

【要訣】

……把我的右足，伸到敵人的右足旁邊，鉤敵人的右腿；其餘的動作，和浮腰術相同。

【解法】

……不可使敵人的右足，把我的右腿鉤住；須要把我的右足，踏到敵人右足之前，使身體向前進行。

其他的方法，和一般腰術的解法相同。

【連續施術法】

……施行此術之後，可以接連繼續著施術如下：一用抱入腰術，二用外捲入術，三用掃腰術。

7、掃腰術

兩人做出右自然體準備姿勢，敵人把右足踏到他的右邊前面的時候，我把敵人的左手，用力拉到我的肩胛近邊；一面使敵人傾向右前方，一面把我的左足，踏進敵人的左足裏面；又在相同的時候，把身體向左迴轉，右足挺直，伸到敵人的右上股外邊，使敵人身體的重心，移到我的右腿之上；我把身體用力向左迴轉的時候，敵人便越過我的右上股而倒。第三十六圖是掃腰術。

【要訣】

……敵人進到左前方，避開我的左邊腰部的時候，我應當伸出左足，伸到敵人的股上腰下，把他掃倒。

又法，把敵人的上身，拉到他的左前方，使他傾倒，也好。

第三十六圖

總而言之，此種技術的要訣，是把敵人的體重，放在我的左邊腰股旁邊；兩手用力，把他拉倒；在這個時候，須要使敵人的胸腹部，和我的身體左側面，密切貼著。我的左足在掃敵人的左腰下邊的時候，須要用力挺直，不可彎曲。

【解法】

……我把體重移到右方，兩手突然張開，上身反轉，用右前腰推敵人的後腰，使身體向左迴轉，便可避開。又在這個時候，脫開左手，不使敵人拉著，也可解開。

【連續施術法】

……施行此術之後，可以接連繼續著施術如下：一用捲入術，二用內股術，三用轉足術。

8、跳腰術

（甲）兩人互用左手抓著敵人的右外衣袖，右手抓著敵人的左前襟，做出自然體準備姿勢，或是右自然準備姿勢的時候，我用兩手，把敵人的身體，拉向我的肩胛上方，敵人必然向前方傾倒。

這時，須要一面左手用力，一面把腰部低下，把我的左足，踏到敵人的左足裏邊；又在相同的時候，身體向左迴轉，使敵人的下腹部，接觸我的後腰部，右膝屈曲，使它的外側部，接觸敵人的右腿前股下部；我的腰部用力，跳向敵人的右足上方，敵人便騰空而倒。第三十七圖是甲種跳腰術的姿勢。

第三十七圖

（乙）兩人做出右自然體準備姿勢的時候，敵人的身體，必然傾向前方；這時，我把左足踏進，身體向左迴轉，腰部挺入，右膝彎曲，足尖放在敵人的右足尖上方前部，使我的下股，貼著敵人的下股前面，向上跳起，使敵人投出倒下。第三十八圖是乙種跳腰術的姿勢。

【要訣】……練習此術，最當注意的是腰術，須要充分使用腰部。挺入腰部之後，須要用右膝跳起。

第三十八圖

【解法】……在跳腰術的解法中間，最適宜的方法，是降下腰部，用我的左前腰，用力壓迫敵人的後腰下面；一面使身體向後反轉，一面又向右扭轉；並且在相同的時候，把我的右手，移到我的右後方，藉以脫離敵人的手。其次，我把左足從後方舉起，向右方掃去；這時，敵人必然仰面而倒。

【連續施術法】

……施行此術之後，可以施術如下：一用大內拐術，二用捲入術，三用內股術。

9、移腰術

此術和後腰術相仿，在敵人使用腰術，衝突我的背面的時候，我就可以使用這種技術。

在敵人施行腰術的時候，我降下腰部，使我的下腹，接觸敵人的臂部；右手從後抱著敵人的右下腹部；拉到我的右腰部；上身反轉向後，抱起敵人的身體，使它移到我的右腰部；我的身體向右扭轉，使敵人在我的前面倒下。

第三十九圖是移腰術的姿勢。

【要訣】

……後腰從下抬上，把敵人抱起來；在抱起敵人的時候，自己的上身須要向後反轉，挺進腰部。所有降腰、抱起、挺腰、轉體等動作，須要迅速施行。

第三十九圖

【解法】

……解脫這種技術的方法，也和後腰術相仿；我用足捲著敵人的足，不可使它踏出到我的兩足前面。又法，依著外捲入術的方法，扭轉身體，也可解脫。

【連續施術法】

……施行此術之後，可以接

連繼續著施術如下：一裏裏投術，二用後腰術，三用足掃術。

10、後腰術

在敵人使用腰術的時候，我可以施行此術。

敵人用抱入腰術，欲使我倒下；我可以把腰降下，使敵人的臂部，接觸我的下腹部，兩手把敵人的下腹部，從後抱起；又在相同的時候，我的上身向後反轉，抱起敵人；利用反動力，我的上身向後方降下，便可使敵人倒在我的面前。

第四十圖

第四十圖是後腰術的姿勢。

【要訣】

……敵人把腰部挺進的時候，我屈兩膝，挺進我的下腹部，抱著敵人，上身向後反轉，兩足跳著，把敵人抱起；我又退後一步，使敵人落下。

【解法】

……被敵人抱著的時候，我用右足或是左足，向後拐去，從裏邊或是外邊，捲著敵人的足，便可解脫。

【連續施術法】

……施行此術之後，可以接連繼續著施術如下：一用移腰術，二用足掃術，三用裏投術。

三、手術

1、浮落術

第四十一圖

兩人互用左手抓著對方的右橫襟，右手抓著左袖，做出自然本體或是左自然體準備姿勢；我在這個時候，可以使敵人傾倒在他的左前方；其術如下：

我的右足向右後方退一步，兩手吊起敵人的手臂，使他傾倒；這時，敵人因為要避免傾倒，所以向左前方行動。其次，我又可把敵人拉到左前方，使他傾倒。這時，敵人仍舊再向左前方行動，我用力把敵人拉到右後方，敵人必然向我的右足方面傾倒。

我在這個時候，須要依著第四十一圖的姿勢，左足踏出到敵人的左足前方，右足退後，膝頭著地，跪在地上，身體扭轉，用手把敵人拉到右下方；敵人因為不能保守身體的重心，必然在我的右前方，轉成圓形，仰面倒下。

【要訣】

……施行此術的時候，最重要的事情，是使敵人失去身體的重心。先把敵人拉到他的左前方，然後用力使他倒下；這兩種手段，須要迅速一氣完成。

拉敵人的氣力，非但不可放鬆，並且後來的氣力須要更加強大。我的身體在向著橫面的時候，須要十分用力。

【解法】

……把我的左足，跳過敵人踏到前面的左足，不使它和我的足接觸，便可解脫。

【連續施術法】

……施行此術之後，可以接連繼續著施術如下：一用背負落術，二用小內拐術，三用轉肩術。

2、轉肩術

兩人做出自然體準備姿勢，敵人左足踏出的時候，我用右手抓著敵人的左袖，把敵人的左手拉到我的右肩近邊；一面使敵人向前傾倒，一面上身向前彎曲，鑽入敵人上身的下面；左足踏進敵人的兩足之間，左手從裏面伸過去，抱著敵人的左股；這時，我的身體向著右方，左肩接觸敵人的左股，成十字形，擔在我的肩上；左手推起股部，右手把敵人的左袖向下拉；使敵人的身體以我的肩胛為軸，旋轉到我的右方，投出倒下。第四十二圖是轉肩術的姿勢。

【要訣】……我用右手抓著敵人的左外袖，用力牽拉，使敵人向前傾倒；我的身體向著右方，身體低下，左足踏進敵人的兩之足間，使上身深入，擔起敵人的上身；在擔起的時候，須要把在後方的右足，踏到左足之處；照著這樣，便容易把敵人擔起來了。

第四十二圖

【解法】……在敵人的肩鑽入的時候，我須要把他的肩推下去，以免被他鑽入。

又法，在敵肩鑽入的時候，我突然張開兩臂，身體退後，一面使膝著地，一面把腰降下，不使敵肩深入，也好。

【連續施術法】

……施行此術之後，可以接連繼續著施術如下：一用背負投術，二用內捲入術，三用袖吊入術。

3、落體術

兩人做出自然體準備姿勢，敵人左足行動的時候，或是敵人把右足退後一步，左足隨著行動的時候，我用兩手，把敵人的上身，拉到他的右前面，便可使敵人身體的重心，移在右足上面，向右足方面傾倒。

我在拉敵人的時候，須要伸出右足，踏到敵人的右足外側右方；以此為支點，一面使我的身體向左扭轉，一面把左手轉成圓形，向後牽拉；右手一面向上，一面向前推去；這時，敵人必然在我的右足上面迴轉著倒下。

又法，先把敵人拉到左前方，敵人必然把身體移到右方；利用這種方法，也可使敵人倒下。

【要訣】……此術是否可以成功，須要依著是否能使敵人傾倒而定。所以要用手兩足氣力，使敵人倒向他的右前方。我的右手把敵人推到他的右方，左手轉成圓弧狀，把敵人拉到左後方；右足踏到敵人的右足外邊，左足踏到敵人的左足前方，用力鑽入便可成功。第四十三圖是落體術的姿勢。

第四十三圖

【解法】……敵人用落體術使我傾向

右前方的時候，我抬起右足，越過敵人的右足，便可解脫。

又法，右手用力向後牽引，藉以脫離敵手，也好。又法，我用大外轉術，便很容易解脫了。

【連續施術法】

……施行此術之後，可以接連繼續著施術如下：一用背負投術，二用大外轉術，三用大外拐術。

4、背負投術

（甲）兩人互用右手抓著對方的左襟，左手抓著右外袖，做出自然體準備姿勢，敵人將要把左足進到我的右方的時候，我把敵人拉到我的右方，使他傾向左前方；一面把我的左足伸向敵人的左足裏邊，右足繼續著踏進敵人的右足外邊；我的身體向左迴轉，兩膝稍微彎曲，腰部低下，用後腰臂部推頂敵人的上前股；我的身體迴轉而進，左手把敵人的右腕拉到前方，右手臂彎曲著，拉敵人的左襟到敵人的右腋下，使敵人的胸部和我的背部密切貼著；我把上身稍微向左扭轉，十分向前彎曲；這時，敵人必然越過我的右肩，向前方倒下。

又法，使敵人傾向他的右前方，然後使他投出倒下，也好。第四十四圖是甲種背負投術的姿勢。

第四十四圖

（乙）兩人做出右自然體準備姿勢的時候，我用右手抓著敵人的右橫襟，依著甲種背負投術的動作，使敵人投出倒下。

又法，我把右手，從敵人的腋下伸出，緊抱著敵人的右腕；我的右肩鑽入敵人的右腋下，背

第四十五圖

第四十六圖

負著敵人，使他投出倒下。第四十五圖是乙種背負投術的姿勢。

（丙）兩人做出右自然體準備姿勢，互用右手抓著對方的左襟，左手抓著右外袖，把敵人拉到他的右前方；又在相同的時候，把我的左足踏到敵人的左足裏面前邊，右足踏到敵人的右足外邊，身體向左扭轉，背負著敵人；左膝彎曲，膝頭著地，跪在地上，兩手把敵人的右手拉到前面下邊；我的身體向前彎曲，背負著敵人，使他投出倒下。

用這種背負投術的時候，我的右手臂須要彎曲，伸入敵人的右腋下。並且我的體重，要放在跪下的左足上面。第四十六圖是丙種背負投術的姿勢。

（丁）這種背負投術，也是跪著背負敵人，使敵人投出倒下；我的右足踏進敵人的右足外邊，跪在地上，使敵人投出倒下。一切動作，全和丙種背負投術相彷；但是，此術的特異之處，是把敵人拉到我的右方，使他傾倒。第四十七圖是丁種背負投術。

第四十七圖

【要訣】

……用力拉著敵人的右袖，使他傾向右前方；我的右臂，須要彎曲著伸入敵人的右腋下。若不把右臂伸入敵人的右腋下，便不能用力使敵人投出。又在背負著敵人的時候，須要時常使敵人的胸部，和我的背部密切貼著。上身須要稍微向左扭轉，向前用力彎曲。

【解法】

……兩手臂突然張開，身體向後退，不使敵人鑽入。

又法，在敵人的背脊鑽入我的上身下面的時候，我把腰部降下，用左前腰推頂敵人的後腰下面，兩手臂突然張開，上身反轉。

又法，我用左足，從後方拐敵人的足，也好。

【連續施術法】

……施行此術之後，可以接連繼續著施術如下：一用捲入術，二用大外轉術，三用內股術。

5、側面落體術

我用左手抓著敵人的左襟，右手抓著左外衣袖，做出左自然體準備姿勢；這時，我兩手用力，把敵人拉到他的左前方，使他傾倒；又在相同的時候，我的左足踏進敵人的左足外邊，阻止敵人左足前進；一面用左手幫助右手，把敵人的上身拉到我的右肩近邊；一面身體向右扭轉，向前彎下；這時，敵人必然越過我的左足，向我的前方倒下。第四十八圖是側面落體術的姿勢。

第四十八圖

【要訣】……最重要的事情，是要用

足氣力，使敵人傾倒。

施行此術的時機，是敵人把左足進到右邊的時候，或是左足踏出的時候；我在這個時候，把敵人拉到左前方，左足踏進；大概依著落體術的要訣，便可成功。

【解法】

……我提起左足避開敵人的左足；其餘的動作，也和落體術相同。

【連續施術法】

……施行此術之後，可以接連繼續著施術如下：一用背負投術，二用大外轉術，三用大外拐術。

6、落帶術

我把右手四指，從下邊伸入敵人的前邊腰帶裏，左手抓著敵的人右外衣袖，右手抓著敵人的腰帶，用力拉上來，使敵人接近我的身體。在敵人身體浮起來的時候，我向敵人的後方踏進，把敵人抱在我的左腋下，使我的左臂裏面，接觸敵人的胸部；又用該臂，把敵人的上身，推到我的左後方；右手抓著敵人的腰帶，向上拉扯，把敵人拉到我的左腰部；以我的左腰為軸，身體向左扭轉，敵人必然向左後方落下。第四十九圖是落帶術的姿勢。

第四十九圖

【要訣】

……在敵人將要進到右前方的時候，我用右手把他拉起來。又在鑽入敵人後方的時候，我把右手放在敵人的左腋下，推下敵人的上身；我的上身反轉，左腰部向前突出，身體向左扭轉，落到左後方。在這個時候，須要用右手把敵人拉上來。

【解法】

……腰部向後退，兩臂突然張開，不使敵人鑽入我的後方；又在敵人鑽入的時候，把我的身體進到左方，便可避開。

【連續施術法】

……施行此術之後，可以接連繼續著施術如下：一用足掃術。二用橫轉術，三用抱分術。

7、外捲入術

(甲)兩人做出自然體準備姿勢，我用左手抓著敵人的右邊外方衣袖，拉向右前方，使他的身體傾向右前方；一面把我的身體向左迴轉，一面把我的身體向左迴轉，一面把我的右足，從敵人的右足外側，踏進後邊；我的右手，從敵人的頭上，伸出到敵人的右手腕之處，右手指尖

第五十圖

第五十一圖

向著我的左方移動；用力把身體向左扭轉，使敵人的體重在我的右後腰上面；這時，敵人的身體必然越過我的後腰部，轉到我的右方，投出倒下。

在敵人使用腰術，鑽進來的時候，我用此術，確是很有功效。第五十圖是甲種外捲入術的姿勢。

（乙）這種技術，大概和甲種相仿；但是，它的特異之處，是只用右手活動。施行此術的時候，須要用右手抱著敵人的右手腕，左手幫著右手，拉敵人的身體，使它捲入。第五十一圖是乙種外捲入術的姿勢。

【要訣】

……我用左手用力抓著敵人的外衣袖不使它脫開，把敵人的體重，放在我的右腰上面；拉進敵人的上身；右足踏開，把我的體重移到前方，便可使敵人的上身捲入。

【解法】

……敵人施行此術，把我的右手臂抱住的時候，我應當用力掙脫右手；並且我的右足須要越過敵人的右足，踏出到右前方。

【連續施術法】

……施行此術之後，可以接連繼續著施術如下：一用捲入捨身術，二用掃腰術。

8、內捲入術

內捲入術和外捲入術大概相仿；它的特異之處，是只用右手活動。我的左手抓著敵人的右邊外方衣袖，右手從下方抱著敵人的右手腕，把敵人的上身捲入，使它投出倒下；其餘的動作，全和外捲入術相同。第五十二圖是內捲入術的姿勢。要訣及解法，全和外捲入術相同。

第五十二圖

【連續施術法】

……施行此術之後，可以接連繼續著施術如下：一用背負投術，二用側面落體術，三用大外轉術。

9、浮轉術

施行此術，可以使敵人的身體失去重心，我用兩手拉著敵人的身體，便可使他傾倒。其術如下：

兩人做出右自然體準備姿勢，我拉著敵人，使敵人把右足移到左足近邊，傾向他的右前方；或是我用左手把敵人拉到左下方，右手把敵人的身體推向下方，使敵人迴轉著倒下。第五十三圖是浮轉術的姿勢。

第五十三圖

【要訣】

……在敵人右邊身體向前衝進的時候，我須要把右足向右方進行一步，使敵人的身體失卻重心；兩手拉倒敵人，氣力須要強入，動作須要敏捷迅速。右手把敵人的身體推上去，向左扭轉；左手一面向左扭，一面向下拉；我的身體稍向後退，扭到左後方，使敵人投出倒下。

【解法】

……兩腿張開，不使身體失卻重心，便可解脫。

【連續施術法】

……施行此術之後，可以接連繼續著施術如下：一用落體術，二用浮落術，三用吊入足術。

四、真捨身術

1、把投術

兩人做出自然本體準備姿勢，我一面用兩手把敵人的上身拉到前

第五十四圖

方，使他傾倒；一面把右足踏進敵人的兩足之間；在相同的時候，使左膝彎曲，把足心接觸敵人的下腹；我仰面向上，睡在地上，鑽入敵人身體下面；一面用兩手把敵人拉到前面，使他傾倒；一面伸出左足，踢開敵人的下腹，兩手抓著敵人的身體，急速的一直往下拉扯；這時，敵人必然迴轉著倒下。第五十四圖是把投術的姿勢。

【注意】

……用足踢起對方下腹的時候，不可踢著對方的睪丸。

【要訣】

……須要使敵人十分向前傾倒，不可離開敵人太遠；右足深入敵人的兩腿中間，我的身體須要滑入敵人的體下足部；我的左足放在敵人的下腹部時，須要先使左膝彎曲，然後一面用力把敵人的身體踢上去，一面用手把敵人拉下來。施行此術的時候，手和足的動作須要一致。

【解法】

……敵人用此術的時候，我反轉上身，落下腰部，兩膝彎曲跪下便可解脫。

又法，被敵人拉扯的時候，我可以把身體橫著扭轉，兩手突出，橫著避開，或是用單手橫著揮去，把接觸下腹部的敵人之足掃開，也好。

2、裏投術

在敵人施行裏投術，或是腰術的時候，我用裏投術，便可取勝。其術如下：

在敵人用腰術的時候，我把腰部降下。左手從敵人的左後方，向前迴轉，抓著敵人前邊的腰帶；右手接觸敵人的右下腹，一面反轉，一面從後方抱著敵人；下腹跳起，我的身體向後邊左橫面臥倒，敵人必然從我的胸部，越過左肩，投出倒下。第五十五圖是裏投術的姿勢。

第五十五圖

【要訣】

……在敵人使用腰術的時候，我須要接連繼續著降下腰部，抱著敵身，下腹跳起，仰面臥倒；所有各種動作，須要迅速進行，不可間斷。

【解法】……被敵人抱了起來的時候，用自己的足，拐敵人的足，便可解脫。

3、隅返術

兩人做出自護體準備姿勢的時候，我使敵人傾向他的右前方；敵人因為避免傾倒，把身體的重心移到左方的時候，我把右足踏進敵人的左足內側；一面身體向右扭轉，一面彎曲左膝，使前脛部接觸敵人的右前股，向上踢去；用右手把敵人拉到我的肩胛近邊，左手把敵人拉上來，拉到我的右肩近邊；我的身體向右後方臥倒，向右扭轉的時候，敵人必然越過我的右肩，投出倒下。第五十六圖是隅返術的姿勢。

【要訣】……須要用足氣力，使敵人向左前方傾倒。在這個時候，手和足的

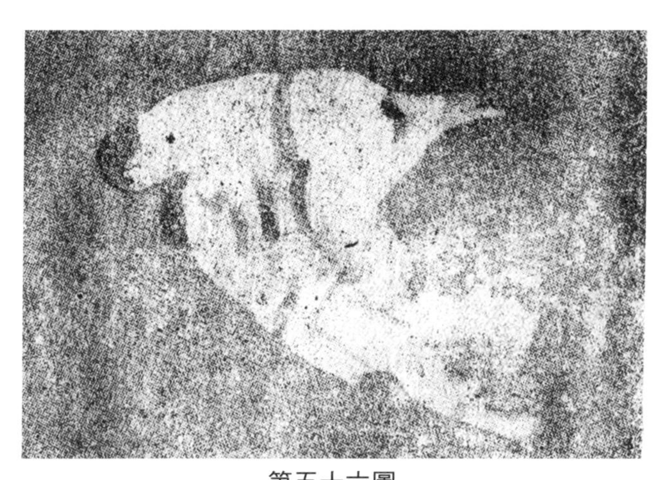

第五十六圖

動作，須要敏捷一致。

【解法】……敵人傾向左前方的時候，我可用小內拐術。

又法，在敵人施行此術的時候，我把左手撐在地上，也可解脫。

4、表返術

敵人用肩轉術，把肩胛鑽進來的時候，或是敵人把身體鑽入我的身體下面，將要拉我的腿的時候，全可以施行表返術。其術如下：

在敵人鑽入我的身體下面，拉我的

第五十七圖

腿的時候，我立即用兩手，從敵人的背後，伸入兩腋下，把他抱到我的面前；我的身體，卻反向後方臥倒；這時，敵人必然越過我的面上，向反對的方向投出倒下。第五十七圖是表返術的姿勢。

五、橫捨身術

1、橫掛術

兩人用自然體準備姿勢，敵人右足向前踏出的時候，我用左手把敵人拉到右前方，使敵人的體重，移在右足上面；又在相同的時候，我一面用力拉扯敵人的身體，一面右足踏進一步，左足伸直，把足心接觸敵人右足的外踝，支持自己的身體；自己的身體反轉來，橫著傾向左後方，右手推開敵人，左手把他向下拉；這時，敵人的身體，必然和我的身體並行著投出倒下。第五十八圖是橫掛術的姿勢。

第五十八圖

【注意】

……施行這種動作的時候，足的動作須要依著足掃術的方法；或是依著支吊入足術的動作，也有功效。

【要訣】

……支援身體的右足，須要和棒一般，伸直不動；左手用力拉扯，才有功效。向後傾倒的時候，須要左手急速把敵人拉向下方，右手推開敵人，身體反轉，才能使敵人投出倒下。倘著腰部向後彎，上身向前屈，便難使用氣力。

【解法】

……這種技術的解法，和支吊入足、掃吊入足術等相同。

第五十九圖

2、橫轉術

此術和裏投術相仿；但是，裏投術要把敵人抱上來，使敵人越過我的肩胛，向後方投出倒下；此術卻只要抱著敵人，扭轉身體，使敵人橫著投出倒下。其術如下：

敵人使用左邊腰術的時候，我依著裏投術的動作，降下我的腰部，把右肩鑽入敵人的左腋下，右手從敵人的後方，抓著敵人的右橫帶，左手抓著敵人的左前帶，使敵人身體的左邊，貼著我的胸部；我的左足踏進敵人的兩足中間；又在相同的時候，使身體向右用力扭轉，反向右後方傾倒；這時，敵人必然向我的右橫方投出倒下。第五十九圖是橫轉術的姿勢。

【要訣】

……腰部須要十分降落，鑽入敵人的左腋下；我的身體在傾倒的時候，須要把左足向左前方踏進一步；挺出我的右前腰，使身體反向右方扭轉，才能有很大的功效。

【解法】

……上身須要十分向前彎曲，使敵人不能鑽入。

又法，施行大內拐術，便可解脫。

3、橫浮術

兩人做出自護體準備姿勢，我把右足退後一步，敵人便要傾向他的左前方。敵人因為避免傾倒起見，所以把身體的重心移到右方；這時，我把右足踏進敵人的左足內側，左足踏出敵人的右足外側前方，右手吊起敵人，推到前邊，左手緊抱著敵人的右手腕，用力拉到我的左後方；身體向左扭轉，仰著倒向左後方；這時，敵人必然向我的左橫方投出跌倒。

第六十圖

第六十圖是橫浮術的姿勢。

【要訣】……敵人傾向右方的時候，我把腰部降落，反轉身體迅速用左手把敵人拉到右前方；右手把敵人的上身吊起推出；敵人身體的重心完全聚集在右足上面，便要投出跌倒。

【解法】……敵人施行此術的時候，我把上身向前彎曲，用右足拐敵人的右足，便可解脫。

第六十一圖

4、橫落術

此術大概和橫掛術相仿；但是，足的踏法，卻完全不同。

在兩人做出右自護體準備姿

勢的時候，我把敵人拉到敵人的右前方，反轉身來，我用左手把敵人的右手抱著；一面拉他的右手，一面把左足從外踏入，踏到敵人的右足和左足的中間（在這個時候，敵人的右足踏出在前，左足在後）；右足踏到敵人的右足內側；我的身體扭向左後方，仰面臥倒，敵人必然向著我的左橫方投出跌倒。第六十一圖是橫落術的姿勢。

5、捲入捨身術

敵人施行腰術，不能成功，退回原來位置的時候，我施行捲入捨身術，便容易見效。其術如下：

在敵人施行右邊掃腰術，不見功效，因為要回復自然體的位置，右足後退的時候，我把身體向左扭轉，用抓著敵人右袖的右手，抱著敵人的右手腕，把敵人拉向右前方；我的右足，從敵人的右足外側，踏進右後方，突然張開，我一面使上身向左扭轉，一面把右手伸過敵人的頭

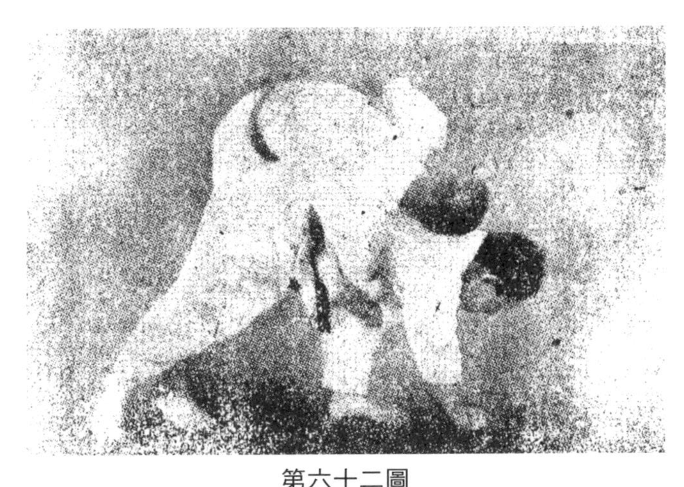

第六十二圖

上，向左方突然捲入，衝進我的身體；這時，敵人的身體，在我的右腰上面，必然順著我的身體投出跌倒。第六十二圖是捲入捨身的姿勢。

【要訣】……敵人的右足向後踏進的時候，從我的右足尖起，直到腰部和上身，不可彎曲；從足尖到頭部，須要伸成一直線，扭轉身體而捲入。我的左手緊抱著敵人的右手腕，不可離開。

【解法】……大概和捲入術相仿；但是，我

的身體須要向右扭轉，用左前腰推頂敵人的臂部，扯開被敵人抓著的右手，便可解脫。在這個時候，決定不可抱著敵人的身體。

又法，我的右足越過敵人的右足，施行橫落術，也是很好的解法。

6、橫分術

第六十三圖

兩人互用右手，從對方的左手之下，抓著左邊外方的衣袖；又用左手，從敵人的右手上面，抓著右橫帶，做出右自護體準備姿勢；我用兩手，拉著敵人，使他傾向前方；敵人因為避免傾倒，所以把身體退後。這時，我把敵人推向右後方，使他的體重移向右足後方；又在相同的時候，把我的右足踏進敵人的右足前方，左足照著出足掃術的動作，把足心接觸敵人的右足外踝，向我的右足前方掃去；左手抓著敵人的右橫帶，拉向左方；右手向上推敵人的身體；我的身體向左扭轉，橫著衝進；敵人便要順著和我平行的方向，投出跌倒。第六十三圖是橫分術的姿勢。

7、蟹捨身術

兩人做出自然體準備姿勢的時候，我可以先使敵人傾向敵人的右前方；這時，敵人因為避免傾倒，所以左足向前踏出，把身體的重心移到左方。我在這個時候，一面用右手抓著敵人的左邊外方衣袖，一面使我的右足膝裏面，接觸敵人的前股上面；又使左足前膝，接觸敵人的後股下面；我用兩足前後夾著敵人的大腿，橫著身體，左手撐在地上，右手用力把敵人拉到左後下方；這時，敵人必然投出倒下。

第六十四圖

第六十四圖是蟹捨身術的姿勢。

【要訣】……敵人傾向左前方，必然伸出左足。我須要橫著身體，伸出兩足，把敵人的股部夾住；右手用力，把敵人拉向後方。在敵人施行足掃術的時候，我用此術，便有很大的功效。

【解法】……在敵人施行蟹捨身術，用兩腿把我的身體夾住的時候，我的身體須要向前彎曲，避開他的兩足。

又法，我退向後方，便不致被敵人

夾住。

8、抱分術

敵人用右邊跳腰術，不能成功，向後退的時候，我立即把左手從後方轉過來，伸入敵人的左腋下，抓著他的左襟；我的左足踏進敵人左足的左前方，右足踏進敵人的兩足之間的後方；我用兩手抱著敵人的下腹部，降下我的腰部，把敵人抱起來；一面身體反轉，一面向左扭轉；我仰向右後方的時候，敵人必然越過我的身體，向右方投出跌倒。

第六十五圖

【注意】

……在敵人的右後方，不容

易抱著敵人的時候，可以轉到敵人的左後方，施行此術；在敵人的左後方，不容易施術的時候，可以轉到右後方施術；不論是在左或右，總應當隨機應變。第六十五圖是抱分術的姿勢。

固術之說明

固術之間，有抑壓術、絞絕術、關節術三種。

抑壓術是用種種方法，抑壓敵人，制止他的自由行動；照著普通比試武藝的規則，完全抑壓敵人，經過三十秒鐘以上的時候，便作為得勝了。

絞絕是絞敵人的咽喉，加以壓迫，使他停止呼吸之術；在比試武藝的時候，倘若怕對方停止呼吸，有性命之憂；那麼，可以絞著對方的咽喉，輕輕的叩打三回以上，便作為得勝。

關節術是逆取敵人的關節，使他感覺疼痛，失去抵抗力的技術。

照著現今日本的比試武藝規則，除了臂關節以外，對於其餘的關節，全不許比試，以免受著重傷。所以在本書中間，只說明對於臂關節的施術法。

一、抑壓術

1、根本固術

敵人仰面向上而臥，我在敵人的右邊，左手伸到敵人的左腋下，抓著敵人的右手腕，把右臂緊緊的抱著；右手從敵人的身上，伸到左肩下；或是從他的左肩上伸過去，抱著他的頭，使我的右腰部貼著敵人的右腰；臂部降下，右足從敵人的右手下面伸出，膝頭在敵人的右肩下；

左膝稍微彎曲，左足向著後方；我的顏面右方，貼著敵人顏面的右邊；身體向前彎曲，把敵人壓著，使他不能自由行動。

第六十六圖是根本固術的姿勢。

【要訣】……下腹用力，使我的腰部，密切接觸敵人的右腰部；左手緊抱著敵人，用力壓抑，不讓敵人的右手拔出。把敵人拉到他的左邊的時候，我的身體的重心，須要移到敵人的右邊，右手壓迫敵人身體的右面，便容易成功了。

【解法】……我被敵人壓著的時候，身體向右扭轉，降下右肩，拔出被抱著的右手腕，便可解脫。

又法，把被抱著的右手，抓著敵人的前邊腰帶推出去，左手抓著敵

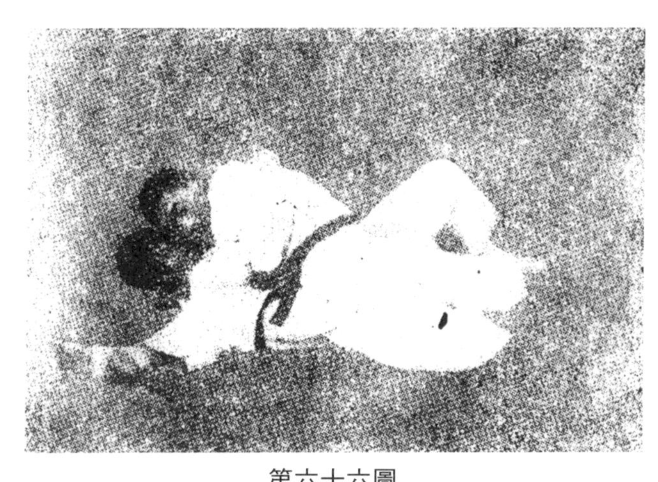

第六十六圖

人的後邊腰帶，腹部橫著接近敵人的背部；把敵人的身體向上拉到我的頭部，兩手用力，身體向左扭轉，把敵人拉到左邊；或是在這個時候，我把腰部向後彎曲，右膝彎曲，右足進入敵人身體和我的腹部中間；返轉身體把敵人推開，也好。

2、撳（傾）倒固術

根本固術，只是使敵人上身傾倒；傾倒固術，卻是用我的胸部，壓著敵人的胸部；我用左手抱著敵人的頭，從敵人的右腋下，彎曲手臂而入；手掌向下，

第六十七圖

壓著敵人的右肩；用我的右手，抱著敵人的左手腕；其餘的動作，和根本固術相同。第六十七圖是傾倒固術的姿勢。

【要訣】……大概和根本固術相仿；但是，應當特別注意的事情，是從敵人的右腋下，突出左臂，彎曲著抱敵人的右胸部；右手拉扯敵人，不使它橫著避開。在敵人用力抬起的部分，我用體重把它壓著，不使他抬起身來。

【解法】……也和根本固術的解法相仿；身

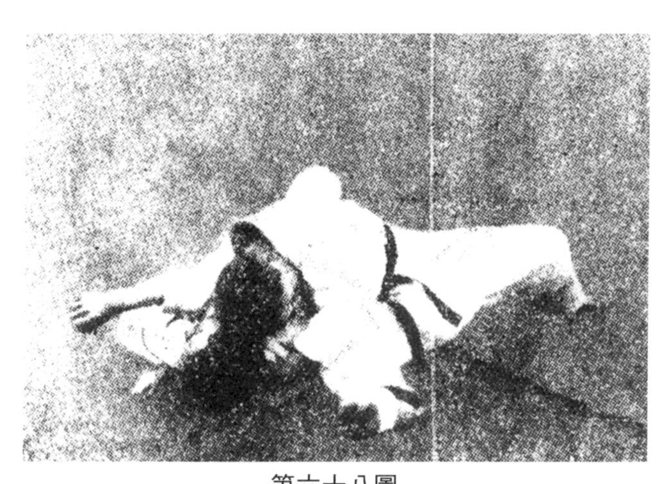

第六十八圖

體向左扭轉，臂部向後退，身體屈曲，左膝彎曲，左足伸入敵人的左邊腰部和我的腹部之間；又用我的左手，抓著敵人的前邊腰帶；突然離開，使我的足膝插入敵人的兩腿之間；其餘的解法，和根本固術相同。

3、肩固術

敵人仰面向上而臥的時候，我從腰部降下，依著根本固術的要訣，右手從敵人的左肩抱著他的頭，左手推上敵人的右手臂，又在該手臂的右邊，把我的頭推敵人頭部的右邊；更把敵人的右手腕，夾在敵人的頭和我的頭之間；我的左手腕，從左邊伸入敵人的後頭下邊；我的右手緊緊的握著敵人的右手腕，把他壓著。

第六十八圖是肩固術的姿勢。

【要訣】

……不使敵人的右手腕拔出，用我的頭和兩手腕，緊抱著敵人的右手腕和頭，照著這樣，敵人便不容易避開了。

【解法】

……雖然也可應用根本固術的解法，但是，要解脫肩固術的壓迫，卻很困難，最好的方法，是右臂用力，左手幫助著，把敵人的頭推到右邊，使敵人的頭和我的頭中間，發生空隙；把右手腕向上拔出，便可避開。其餘的解法，也和根本固術相同。

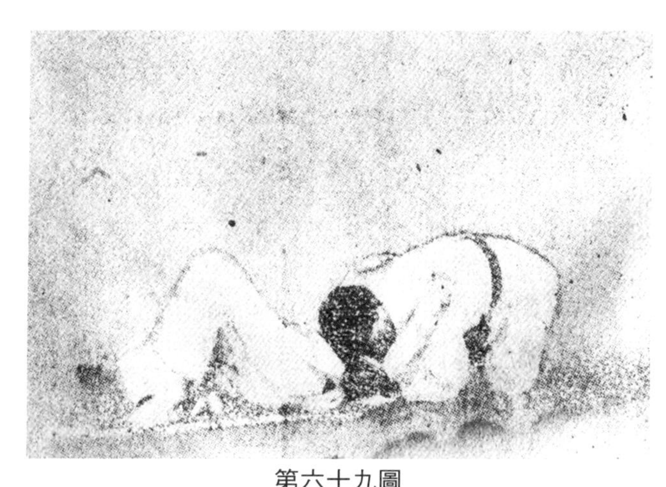

第六十九圖

4、上四方固術

敵人取仰面向上而臥的姿勢，我在敵人之頭的上方坐正，兩膝充分橫著張開，腰部落下，把我的下腹部，壓著敵人的顏面；把我的顏面，接觸敵人的腹部（即前邊腰帶之處）使我的胸部和敵人的胸部密切貼著，壓迫敵人；我的右臂屈曲，使該手臂接觸敵人的右手臂，從敵人的右手腕之外，抓著敵人的右橫帶；我的左手腕，抓著敵人的左橫帶；兩手臂夾著敵人，兩手和下腹用力，壓著敵人的身體。第六十九圖是上四方固術的姿勢。

【要訣】

用力抱著敵人，不使敵人的胸部和我的胸部之間發生空隙。我用右手和右胸壓著，不使他向右上方避開。

【解法】

我用左或右手推敵人的左或右肩，身體橫著扭轉避開。

又法，用右左兩手，推敵人的兩肩，使我的肩胛脫開敵人的壓迫；倘若在這個時候，敵人的胸部和我的胸部之間，發生空隙；那麼，用左或右手，伸入敵人的腋下，推開敵人的膝，拔出頭部，身體橫著扭轉，便可避開。

5、傾倒四方固術

敵人仰面向上臥著的時候，我在敵人的頭部地方，兩膝張開，腰

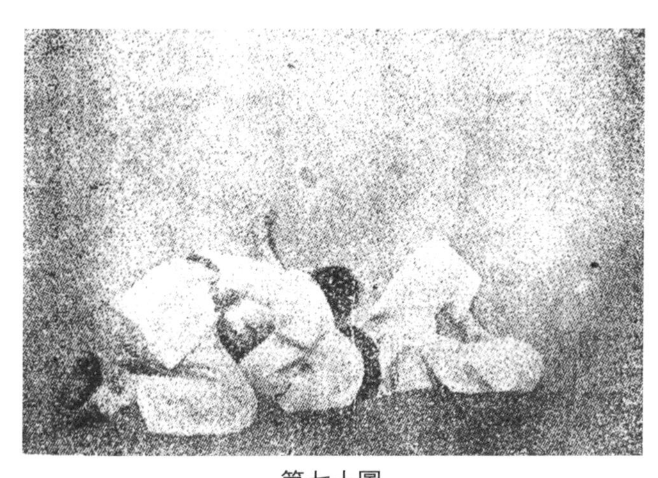

第七十圖

部降落，坐著，用我的腹部、胸部、頭部，壓著敵人；我的右手腕抱著敵人的右手腕，從敵人的右肩下抓著後襟；左手從敵人的左手下抓著左橫帶，把我的體重稍微移到敵人的左方；再依著上四方固術的要訣，壓著敵人的身體。

第七十圖是傾倒四方固術的姿勢。

【要訣】

右手腕用力，抱著敵人的右手腕，把它壓制著；左手彎曲著手臂，壓著敵人的身體，使它不能扭轉。

第七十一圖

【解法】

左手推敵人的左肩，身體向左扭轉，避開敵人的壓迫；或是拔出被抱著的右手，藉以解脫。其餘的動作，和上四方固術相同。

6、橫四方固術

敵人仰面臥著，我在左邊坐著，張開兩膝，降下腰部，左腿膝頭在敵人的左腰側邊，右膝頭在敵人的左腋下；我的右手從敵人的左肩上伸入，抓著後襟，左手從敵人的兩股中間伸入，抓著右邊後方的腰帶，橫著壓住敵人的身體。第七十一圖是橫四方固術的姿勢。

【要訣】

用我的兩手，充分拉著敵人，把他壓迫，使敵人的身體不能扭轉。又在這個時候，須要利用我的顎部，壓制敵人的身體。

【解法】

用我的右手，推敵人的右肩，我的左手從右方拔出，手臂用力，推開敵人。又在這個時候，我的身體向左扭轉，橫向著，彎曲左膝，把左足伸入敵人的左膝和我的左腰之間；把敵人的身體，夾在我的股間，便容易解脫了。

7、縱四方固術

敵人仰面向上臥著，我做騎馬勢，騎在他的腹上，向前俯伏；使我的腹部胸部，和敵人的腹部胸部密切貼著，兩膝張開，稍微屈曲，用兩

第七十二圖

足尖夾住敵人的臂部；我的顏面左邊，推壓敵人的顏面旁邊；我的右腕，從敵人的左手腋下，緊抱著左手腕；又用左手腕，從敵人的右肩，抓著後襟，壓住敵人的身體。

第七十二圖是縱四方固術的姿勢。

【要訣】

下腹部用力壓迫，用我的右手腕，抱著敵人的左手腕；緊緊的抱著，使他不能自由動作。

【解法】

仍舊取仰面向上的姿勢。兩足屈

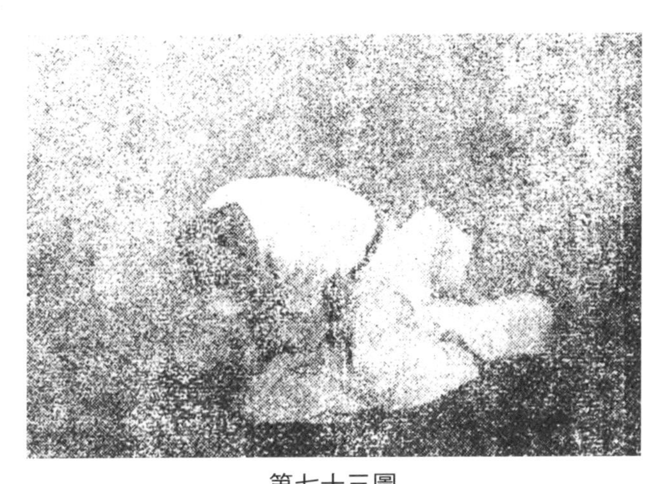

第七十三圖

曲，腹部高抬，身體扭轉，左手把敵人的右足膝，推到足部，藉以解脫。用我的右手，推敵人的左膝，我的右膝移到外邊；把敵人夾在胯間便容易解脫了。

二、絞絕術

1、逆十字絞術

在敵人仰面而臥，我可以騎在他的身上，施行絞術；或是我仰面而臥，敵人騎在我的身上的時候，也容易施行絞術。

倘若我騎在敵人的身上，施行絞

術；那麼，用我的右手，四指在內，拇指在外，抓著敵人的左襟；左手也和右手相同，抓著敵人的右襟；我交叉著兩手腕，把頭接觸著拇指的側邊，絞敵人的頸部；這時，利用我的體重，把敵人拉到我的近邊，施行絞術，更有功效。第七十三圖是逆十字絞術的姿勢。

2、並十字絞術

這種絞術，和前邊所說的逆十字絞術相仿；它的特異之處，只是抓敵人的衣襟之法不同；逆十字絞術是用左右兩手，四指在內，拇指在外，抓著敵人的衣襟，用拇指絞敵人的頭；這種並十字絞術，卻是拇指在內，四指在外，用小指施行絞術。其餘的方法，也和逆十字絞術相同。第七十四圖是並十字絞術的姿勢。

3單十字絞術

敵人仰面而臥，我騎在敵人的身上，照著縱四方固術的動作，把敵人壓迫；用我的左手，和逆十字絞術相同，四指在內，拇指在外，抓著敵人的右襟；使該拇指的側邊，接觸敵人的頭；右手和並十字絞術相同，拇指在內，四指在外，抓著敵人的左襟；使小指的側邊，接觸敵人的頭，兩手交叉著，絞敵人的頸部。

這個時候，把我的胸部，推壓敵人的顏面；

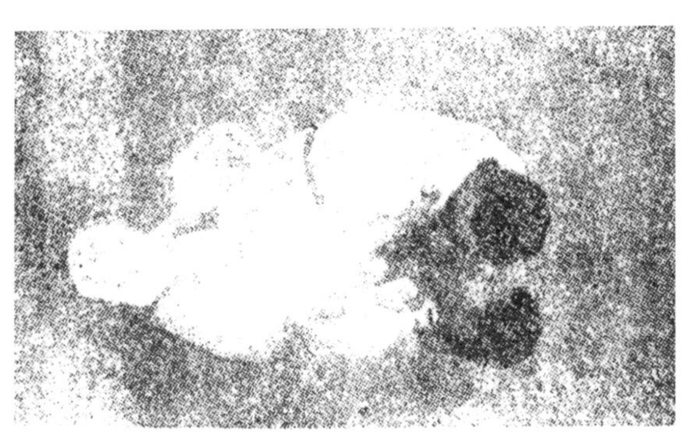

第七十四圖

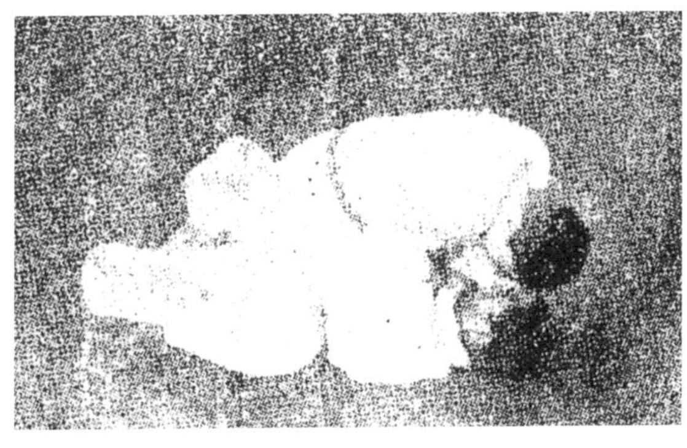

第七十五圖

利用體重，施行絞術；我用這種絞術，敵人很難防禦。第七十五圖是單十字絞術的姿勢。

4、送襟絞術

我在敵人之後，把敵人的身體，夾在兩足中間，我的右手，從敵人的右腋下邊，拇指在內，四指在外，抓著敵人的左前襟；左手從敵人的左肩，沿著頸部，拇指在內，四指在外，抓著敵人的右襟，把左手的拇指，接觸頭部；一面向左方絞，一面把我的上身反向後方；右手向右下方拉扯，左手沿著頸部，向左後方用力絞去。

第七十六圖

這時，我的胸部和敵人的背

部之間發生空隙，敵人必然要用兩手推開我的左手，從下方拔出頭來，身體扭向後邊，希圖解脫；所以我當用力把敵人絞緊，不使敵人解脫。第七十六圖是送襟絞術的姿勢。

5、片面絞術

我立在敵人的後方，右足跪著，左足膝頭突出，下腹部接觸敵人的後邊腰部；左手從敵人的左肩伸出，沿著頭部，拇指在內，四指在外，照著送襟術的動作，抓著右襟；右手從後方伸出敵人的腋下，通過肩胛，移到後頭部，用手掌推該後頭部到前邊下方；右臂向上拉住敵人的右手腕，左手

第七十七圖

向左邊後方絞敵人的頸部。

施行這種片面絞術，雖然稍微困難；但是，既已絞著之後，便不容易解脫。第七十七圖是片面絞術的姿勢。

6、裸體絞術

敵人坐著，我在他的背後，用左手伸過敵人的左肩，緊緊的抱著敵人的頭；把該手腕伸到右肩，插入我的彎曲右臂中間；用彎曲的手掌，把敵人的後頭部，推到前邊；左手用力，絞敵人的頸部。

第七十八圖

這時，用我的兩足，夾著敵人的身體，也好；單腿跪著，身體退後，施行絞術，也有功效。

第七十八圖是裸體絞術的姿勢。

第七十九圖

7、抱首絞術

這種絞術，和裸體絞術相仿；兩人相對立著，敵人施行肩轉術，鑽入我的身體下面的時候，我用右或左手，把敵人的頭抱在腋下；又用另外一隻手，握著抱頭的手，兩手互相幫助著用力抱住，不使敵人的頭拔出；我的身體稍微反轉，施行絞術。

第七十九圖是抱首絞術的姿勢。

8、轉袖絞術

我在敵人的背後，把敵人的身體，夾在兩大腿中間；我的右手從後方伸出，拇指在外，四指在內，抓著敵人的左襟；左手從敵人的右肩

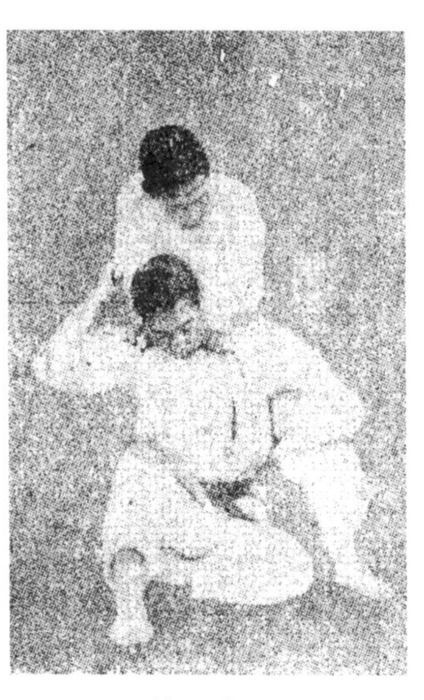

第八十圖

上伸出，四指在外，拇指在內，抓著敵人的左橫襟；右手拉到右方，左手拉到左後方，兩腕交叉，把頭接觸敵人的左襟，施行絞術。這時，我一面使上身反向後方，一面絞敵人的頸部。

在施行這種絞術的時候，敵人必然把身體向左扭轉，把頭從我的兩手腕間拔出，希圖解脫；所以我對於這種解法，須要特別注意，以免被敵人解脫。

第八十圖是轉袖絞術的姿勢。

9、突入絞術

敵人仰面向上臥著的時候，我騎在敵人腹上，右手抓著敵人的左前

第八十一圖

襟，把該衣襟沿著敵人的頭，轉到右肩胛；我的左手抓著敵人的右橫襟，使它不能轉動；左手拉扯，右手推壓，便可施行絞術。這種絞術，雖然沒有很大的功效；但是，有時也能見效。

施行此術的時候，我的右臂不可十分伸直，以免被敵人施行關節術。第八十一圖是突入術的姿勢。

10、手腕絞術

我仰面向上臥著，把敵人的身體夾入兩大腿中間；右手抓著敵人的右襟，四指在內，拇指在外；左手抱著敵人的

第八十二圖

後頭部，使敵人的顏面接觸我的胸部，我的右手拇指傍面貼著頭，手臂伸到敵人的左肩近邊，施行絞術。這時，我的左手抓著我的右臂，絞敵人的頸部，很有功效。第八十二圖是手腕術的姿勢。

三、關節術

1、緘腕術

敵人仰面向上臥著，我可以從敵人的上面，對於敵人的左臂關節，施行緘腕術。其術如下：

我照著撳（傾）倒固術的動作，在

第八十三圖

敵人的右邊伏著；我的左手把敵人的左手，從裡面伸過去抓著，向敵人頭部的左邊上方壓著；我的右臂彎曲著，從敵人的左腋下伸入，向上把敵人的身體抱起來；左手握著敵人的左手腕，逆著扳他的手臂關節。

這種技術，非但我在敵人上面的時候可以施行，並且敵人在上面壓著我的時候，也可應用。

這種技術性的要訣，是用我的右手把敵人抱起來，左手握著敵人彎曲的手腕，向該手臂伸直的方向壓迫。第八十三圖是緘腕術的姿勢。

2、挫腕十字固術

敵人仰面臥著，我在他的左邊，左膝著地，使兩脛接觸敵人的左邊胸部，把腳伸入敵人的左腋下；右腿伸出舉到敵人的頭上；我的胯放在敵人的在肩邊，夾著敵人的左手腕；我用左手（或是兩手），把敵人的左手腕拉到我的身體近邊，使手掌向上；把我的身體仰向後方，右足用力壓迫，抬起我的腹部，把敵人的左手腕拉直，稍微向左扭轉，逆著扳敵人的手臂關節。

這種技術，非但仰面向上的時候可以施行，並且俯向敵人的時候也可以施行。

這種技術的解法，最容易的，是用我的右手，推開敵人的右足，使頭移到外邊，便可解脫。第八十四圖是挫腕上十字固術的姿勢。

第八十四圖

3、挫腕固腕術

這種技術，卻和挫腕十字固術相反。其術如下：

敵人仰面向上臥著，我在他的左邊，施行抑壓術的時候，敵人伸出右手，推我的左肩；或是敵人伸出右手，將要抓我的衣襟的時候，我用兩手，從速抱著敵人的頭，使敵人的手腕，越過我的肩胛；我的右手腕緊緊的抱著敵人的頭，左足跨著敵人的身體；用我的內股，壓迫敵人的右橫腹部；右足跪著，使膝頭接觸敵人的胸部；把我的左肩，

第八十五圖

突出到前邊；用我的兩手，把敵人的右手腕拉到我的胸部，逆著扳敵人的右臂關節。

第八十五圖是挫腕固腕術的姿勢。

4、挫腕因膝術

我仰面向上，做出睡著的姿勢，敵人將要向我施行壓抑術或是絞術的時候，我把敵人的身體，夾在兩股之間，我的右手，把敵人的左手腕拉到我的右腋下，緊緊的抱著；左足放在敵人的前邊腰部近邊，使腳心接觸敵人的腰部；伸出敵人的左臂，推開敵人的身體；我

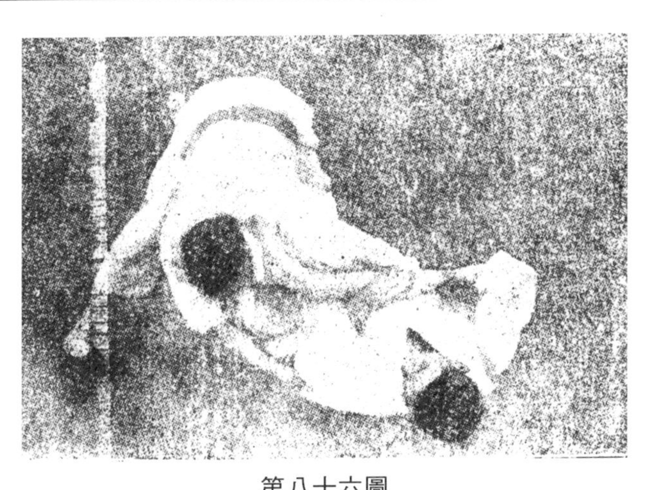

第八十六圖

的右腿彎曲著，把膝的內側，對著敵人的左臂外面，向左下方用力壓迫；我的身體向左邊扭轉，逆著扳左臂關節。

第八十六圖是挫腕固膝術的姿勢。

5、挫腕固體術

兩人做出右自然體準備姿勢，敵人用右手抓著右襟的時候，我用右手，抓著敵人的右手腕，拉到我的胸前，右足退到左後方，身體向右扭轉；又在相同的時候，把右足踏進敵人的右足右邊；把敵人的右手腕，挾在我的左腋下，用左臂抱著，身體向右扭轉，把我的體

第八十七圖

重，移到左肩近邊；使敵人的右肩，對著我的背心；我仰面向上，壓著敵人的右肩；用我的右手，逆著拉敵人的右臂到我的右肩近邊，扳壓敵人的右臂關節。

第八十七圖是對於左臂關節，施行技術的姿勢。

右和左的方法，是相同的。

柔術入門

定價大洋八角

編著者　虞山殷李源

出版者　上海武俠社

印刷者　中西書局活版部

發行所　上海望平街 中西書局總店

各省中西書店均有分售

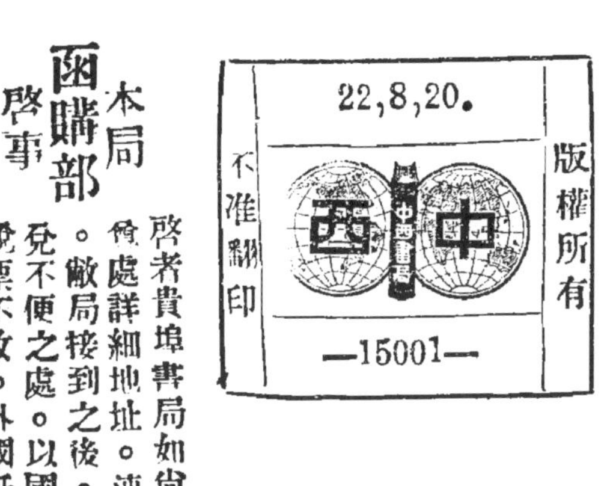

本局函購部啓事

啓者貴埠書局如尚未備有本局出版各書。則請將所要書籍名稱。及貴處詳細地址。連同書款由郵局掛號寄交「上海望平街中西書局收」。敝局接到之後。當日照配發貨。極爲妥便。與面購無異。（如匯兌不便之處。以國內通用郵票代洋亦可。惟限一省用之郵票及印花稅票不收。外國紙幣依照市價計算）。備有詳細書目。函索郎奉。

(同業批發。印有批發錄目

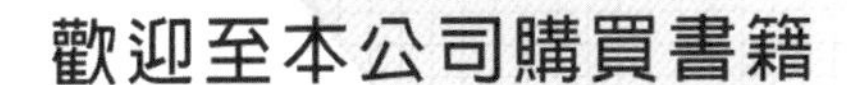

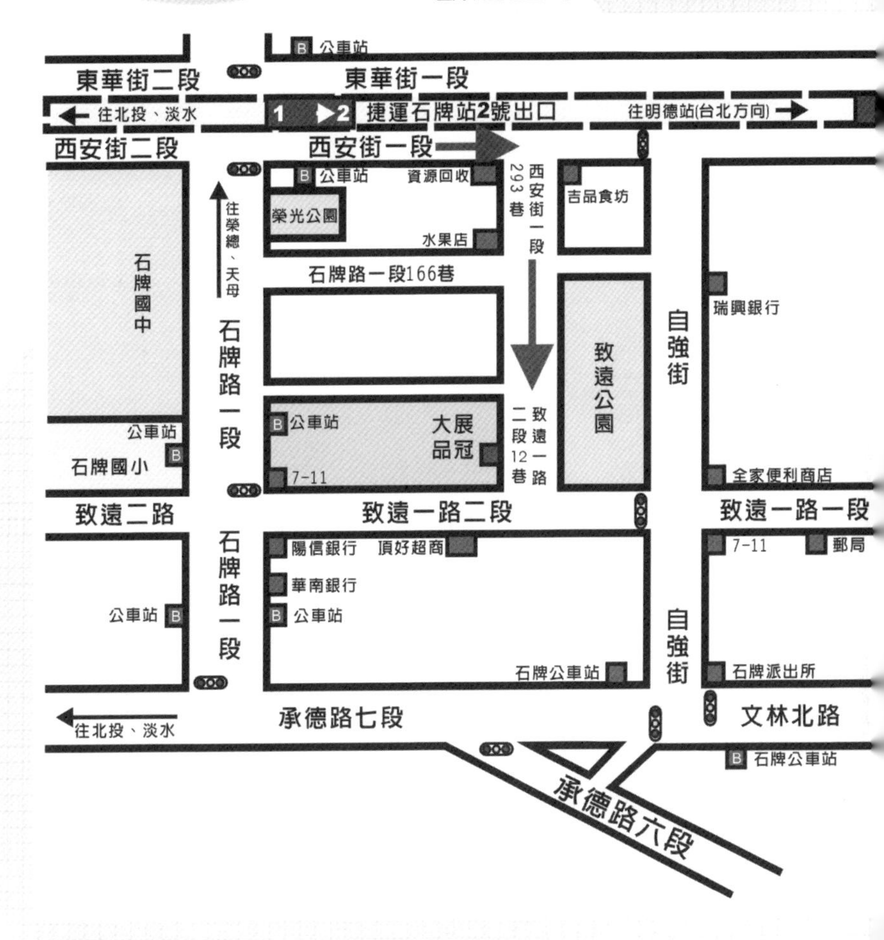

建議路線

1.搭乘捷運・公車

淡水線石牌站下車，由石牌捷運站2號出口出站(出站後靠右邊)，沿著捷運高架往台北方向走(往明德站方向)，其街名為西安街，約走100公尺(勿超過紅綠燈)，由西安街一段293巷進來(巷口有一公車站牌，站名為自強街口)，本公司位於致遠公園對面。搭公車者請於石牌站(石牌派出所)下車，走自強街，遇致遠路口左轉，右手邊第一條巷子即為本社位置。

2.自行開車或騎車

由承德路接石牌路，看到陽信銀行右轉，此條即為致遠一路二段，在遇到自強街(紅綠燈)前的巷子(致遠公園)左轉，即可看到本公司招牌。

國家圖書館出版品預行編目資料

柔術入門／殷李源　編著
——初版——臺北市，大展，2017[民106.09]
面；21公分——（老拳譜新編；32）
ISBN 978-986-346-170-0（平裝）
1.武術
528.97　　106011668

柔術入門

編 著 者／殷　李　源
責任編輯／王　躍　平
發 行 人／蔡　森　明
出 版 者／大展出版社有限公司
社　　址／台北市北投區（石牌）致遠一路2段12巷1號
電　　話／(02) 28236031・28236033・28233123
傳　　真／(02) 28272069
郵政劃撥／01669551
網　　址／www.dah-jaan.com.tw
E-mail／service@dah-jaan.com.tw
登 記 證／局版臺業字第2171號
承 印 者／傳興印刷有限公司
裝　　訂／眾友企業公司
排 版 者／千兵企業有限公司
授 權 者／山西科學技術出版社
初版1刷／2017年（民106）9月

定　價／220元

大展好書　好書大展

品嘗好書　冠群可期